Die romanischen Dome von Mainz, Worms und Speyer

Architektur und Liturgie im Hochmittelalter

von
Clemens Kosch

Ausführung der Planzeichnungen
Olga Heilmann

Fotos
Andreas Lechtape

SCHNELL + STEINER

Vorderer Umschlag

Blick von Norden auf die Westteile des Mainzer Doms mit Trikonchos, Querschiff (davor die Pfalzkapelle St. Godehard) und Marktportal am linken Bildrand. In der Vignette entsprechender Ausschnitt des Grundrisses auf Erdgeschosshöhe mit farbigen Markierungen der liturgischen Ausstattung im Hochmittelalter (siehe den vollständigen Plan S. 12).

Dank

Für fachlichen Rat und praktische Hilfe dankt der Autor Hans Ammerich, Manuela Beer, Klaus Gereon Beuckers, Gerold Bönnen, Patrizia Carmassi, Ralf Dorn, Caspar Ehlers, Helga Fabritius, Alexandra Fink, Johann Michael Fritz, Elisabeth Handle, Laura Heeg, Simone Heimann, Brigitte Herrbach-Schmidt, Werner Jacobsen, Felicitas Janson, Dorothee Kemper, Holger Kempkens, Anja Lempges, Andrea Lermer, Saverio Lomartire, Ursula Mende, Barbara Nichtweiß, Andreas Odenthal, Friedrich Oswald, Bernd Päffgen, Jens Reiche, Monika Schmelzer, Sven Spiong, Gudrun Sporbeck, Sonja Voss, Gerhard Weilandt, Franz-Rudolf Weinert, Evelin Wetter.

Besonderes Entgegenkommen bewiesen die zuständigen kirchlichen Amtsträger: in Mainz Domdekan Heinz Heckwolf, Direktor des Dom- u. Diözesanmuseums Hans-Jürgen Kotzur u. seine Mitarbeiterin Diane Ecker, Domküster Arnold Riel, Domaufsicht Franz König; in Worms Dompropst Engelbert Prieß, Domküster Peter Sabasch, Domaufsicht Johannes Reis; in Speyer Domkustos Peter Schappert, Domschweizer Bernhard Volk, Domsakristan Klaus Wünschel.

Die gewohnt sorgfältige, engagierte Betreuung durch den Verlag Schnell & Steiner (Geschäftsführer Albrecht Weiland, Lektorat Elisabet Petersen/Simone Buckreus) und Erhardi Druck (Florian Knörl) erleichterte eine inhaltlich und formal angemessene Realisierung dieses vierten Kirchenführers von Clemens Kosch zum Thema „Architektur und Liturgie".

Abbildungsnachweis

Bamberg, Stadtarchiv (Nachlass Ingeborg Limmer) (S. 39); Bassenheim, Pfarrgemeinde/Bildarchiv der Vereinigten Domstifter zu Merseburg und Naumburg und des Kollegiatsstifts Zeitz (Matthias Rutkowski) (S. 24); Achim Bednorz, Köln (S. 87); Darmstadt, Hessisches Landesmuseum (S. 46 oben); Renate Gruber, Darmstadt (Vorderer Umschlag, S. 16); Heidelberg, Universitätsbibliothek (S. 93); Karlsruhe, Badisches Landesmuseum (hinterer Umschlag); Clemens Kosch, Paderborn (S. 25 oben rechts, S. 56 unten); Mainz, Dom- u. Diözesanmuseum (S. 25 unten, 29, 36, 37); Mainz, Dom- u. Diözesanmuseum: Rekonstruktion von Hans-Jürgen Kotzur auf der Grundlage von PESCHLOW-KONDERMANN 1972 (S. 25 oben links); Mainz, Stiftung Hoher Dom zu Mainz (S. 26 unten); Barbara Nichtweiß, Mainz (S. 15); © Speyer, Historisches Museum der Pfalz (Peter Haag-Kirchner) (S. 45); Speyer, Stadtarchiv (Katrin Hopstock) (S. 61); Worms, Stadtarchiv (S. 7 Mitte).
Alle anderen Fotos wurden eigens neu aufgenommen von Andreas Lechtape, Münster.

Reproduzierte Fotos, Pläne und Strichzeichnungen – letztere zum Teil verändert und mit farbigen Ergänzungen des Verfassers – stammen aus: ARENS 1982 (S. 30 rechts); BITTENS 1936 (S. 14); Canossa 1077 – Erschütterung der Welt. Geschichte, Kunst und Kultur am Aufgang der Romanik. Bd. II Katalog. Hg. v. Christoph Stiegemann/Matthias Wemhoff. München 2006 (S. 83); Karl Heinz ESSER: Mainz. München/Berlin 1961 (S. 32 oben); ESSER 1975 (S. 10); GRUBER 1934–43 (S. 38); KRAUSE 1963 (S. 56 oben); KUBACH/HAAS 1972 (S. 64); MOLITOR 1859 (S. 60); SCHNEIDER 1886 (S. 26 unten); SEBALD 1999 (S. 48 rechts); VON WINTERFELD 1993 (S. 32 unten links).

Die Massenpläne, Grundrisse und Längsschnitte der drei Dome sind von Clemens Kosch neu entworfene Architekturzeichnungen, ausgeführt durch Olga Heilmann unter Verwendung von Aufmaßen der Kunstdenkmälerinventare sowie Plänen und historischen Bildzeugnissen aus im Literaturverzeichnis genannten Veröffentlichungen. Die Stadtplan-Ausschnitte auf der rückwärtigen Umschlagseite u. -klappe (innen) stellten zur Verfügung für Mainz: Stadtkarte mit Genehmigung des Bauamtes, Abt. Bodenmanagement u. Geoinformation, Nr. 18/99; für Worms: © Stadt Worms, Abt. Stadtvermessung u. Geoinformation, Az. 6.2/4.6.32/2010; für Speyer: © Tanja Stritzinger, Tourist-Information Speyer, LANGE & PFLANZ GmbH.

Bibliografische Information der Deutschen Nationalbibliothek
Die Deutsche Nationalbibliothek verzeichnet diese Publikation in der Deutschen
Nationalbibliografie; detaillierte bibliografische Daten sind im Internet über
http://dnb.d-nb.de abrufbar.

Diese Veröffentlichung bildet Band 259 in der Reihe „Große Kunstführer" unseres Verlages.
Begründet von Dr. Hugo Schnell † und Dr. Johannes Steiner †
© 2011 Verlag Schnell & Steiner GmbH, Leibnizstraße 13, 93055 Regensburg
Gesamtherstellung: Erhardi Druck GmbH, Regensburg

1. Auflage 2011
ISBN 978-3-7954-2401-5

Alle Rechte vorbehalten. Ohne ausdrückliche Genehmigung des Verlages ist es nicht gestattet, dieses Buch oder Teile daraus auf fotomechanischem oder elektronischem Weg zu vervielfältigen.

Weitere Informationen zum Verlagsprogramm erhalten Sie unter: www.schnell-und-steiner.de

Inhalt

Zur Einführung:
Über das Verhältnis von Architektur und Liturgie
in hochmittelalterlichen Bischofskirchen 4

Die Dome und ihre Immunitätsbezirke im Vergleich 5

Mainz, Dom SS. Martin und Stefan
mit dem ehemaligen Domneben-Kanonikerstift St. Maria ad gradus 10

Worms, Dom St. Peter
mit der ehemaligen Tauf- und Pfarrkirche St. Johannes Baptist 38

Speyer, Dom SS. Maria und Stefan 60

Literaturhinweise 94

Glossar 108

Zur Einführung:
Über das Verhältnis von Architektur und Liturgie in hochmittelalterlichen Bischofskirchen

Wir brauchen nicht nur kunsthistorische, sondern theologische Kirchenführer.
(Ch. Möller, Lehre vom Gemeindeaufbau. Bd. 2, Göttingen 1990)

Bischofskirchen errichtete man seit der Spätantike vornehmlich in Siedlungen von gewisser Bedeutung (*civitates*), die damit auch zum Hauptsitz eines geistlichen Sprengels wurden. Dort neben dem Oberhirten der Diözese tätige Geistliche praktizierten zumindest von der Karolingerzeit an eine gemeinschaftliche Lebensweise. Kaiser Ludwig der Fromme hatte deswegen 816 eine Reichsversammlung nach Aachen einberufen, auf der man allgemeinverbindliche Rahmenbedingungen nicht nur für den monastischen Tagesablauf, sondern auch für die anfangs noch klosterähnliche Vita communis der Kanoniker festlegte. Davon ausgehend entstanden personelle, rechtliche und organisatorische Strukturen, die sich summarisch folgendermaßen beschreiben lassen: Domkapitel sind hinsichtlich ihrer Verfassung eine Untergruppe der Kollegiatstifte. Sie bildeten früher Kollegien gewöhnlich adeliger Weltgeistlicher mit unterschiedlichen Weihegraden (bei verhältnismäßig geringem Priesteranteil), die ihren materiellen Unterhalt aus dem Stiftsvermögen zugewiesen erhielten. Die Obergrenze der Mitgliederzahl betrug während des Hochmittelalters in Mainz etwa 24, in Worms auffallenderweise sogar 50, in Speyer 30 Präbenden. An der Spitze standen Propst und Dekan als infulierte Prälaten. Sie waren jeweils verantwortlich für die Vertretung des Kapitels nach außen sowie seine inneren Angelegenheiten, speziell für würdige Gestaltung des Gottesdienstes und Einhaltung der Disziplin. An Dignitären gab es ferner den Kustos als Aufseher über das Kirchengebäude mit Sakristei und Schatzkammer, den für die Stiftsschule sowie Bibliothek, Kanzlei und Archiv zuständigen Scholaster, schließlich noch den Kantor als liturgischen Zeremoniar und Leiter des Chorgesangs. Die Chorherren wurden unterstützt durch Domizellare (*canonici iuniores*: Anwärter auf ein frei werdendes Kanonikat), vor allem aber durch zahlreiche Vikare (*chori socii*: besoldete Geistliche niederen Ranges als eigentliche Träger der gottesdienstlichen Verpflichtungen, namentlich zur Entlastung des *plebanus* oder Dompfarrers am Kreuzaltar). Eine größere Schar von Hilfskräften, Inhaber niederer Weihen oder Laien wie z.B. Sakristane und Glöckner (*campanarii*), Scholaren, Chorsänger und Musiker, außerdem Nachtwächter (*dormentarii*), Handwerker und weltliche Dienerschaft (also die stiftische *familia*) runden unseren personellen Überblick ab. Die Abschaffung der Vita communis für Inhaber voller Kanonikatspräbenden meist schon im Verlauf des 12. Jahrhunderts wirkte sich auf das Raumprogramm der Klausuranlagen zunächst weniger deutlich aus, als man vermuten würde. Zwar bezogen Stiftsdignitäre frühzeitig ihre mit Privatoratorien ausgestatteten Amtssitze, wie auch die Mehrzahl der Kanoniker eigene Häuser (*curiae claustrales*) innerhalb der Domimmunität. Davon stehen im Rheinland romanische Vertreter in Kaiserswerth, Karden und Münstereifel noch aufrecht. Vereinzelte Beispiele hochmittelalterlicher Kurienkapellen sind u.a. in Trier sowie ein besonders bemerkenswertes Exemplar neben dem Naumburger Dom erhalten. Dennoch kam es gerade während der Stauferzeit nicht selten auch zu aufwändigen Neubauten von Domkreuzgängen und stiftischen Gemeinschaftsräumen. Sie wurden wohl nur noch zu besonderen Anlässen im ursprünglichen Sinne genutzt, jedoch gewöhnlich von Domizellaren, Vikaren und Stiftsschülern weiterhin bewohnt. Darüber hinaus sollte mit dieser architektonischen Manifestation offenbar gleichermaßen das gesteigerte Selbstwertgefühl einer Institution zum Ausdruck kommen, die bei der Verwaltung des Bistums zumal infolge häufiger Abwesenheit des Bischofs im Reichsdienst oder längerer Sedisvakanzen ihren Einfluss stetig zu mehren vermochte.

Von einer anderen (meist der gegenüberliegenden) Seite her betraten der Bischof sowie ein zu Besuch weilender Herrscher mit ihrem Gefolge die Kathedrale. Als gemeinsame Residenz des Stadtherren sowie Absteigequartier des Königs und seiner unter Umständen zahlreichen Begleitung stand die Pfalz stets in enger Nachbarschaft zum Dom. Dabei lassen sich verschiedenartige Zugangsmöglichkeiten beobachten: in Gestalt direkter, oft eher unauffälliger Passagen oder aber ritueller Einzugswege zum Hauptportal des Gotteshauses über einen repräsentativen, als traditionellen Versammlungsort der Stadtbewohner ehemals auch verfassungsgeschichtlich bedeutsamen Vorplatz. Ebenso sind voneinander abweichende Lösungen (topographisch bedingt oder absichtsvoll?) hinsichtlich einer Affinität zu den jeweils unterschiedlich orientierten liturgischen Haupt- und Nebenchören der Dome wahrnehmbar. Getrennte Pfalzgebäude für Bischof und Herrscher gab es übrigens nur ausnahmsweise, so in Paderborn und Merseburg. Immer gehörten eigenständige Pfalzkapellen offiziellen Charakters zum baulichen Ensemble, zusätzlich oft noch privater Andacht gewidmete Hauskapellen als integraler Bestandteil des Palastes (in Mainz eine Kombination aus beiden). Größere Teile des Dominneren waren ausschließlich dem Klerus und privilegierten Besuchern vorbehalten. Eine in erster Linie optisch wirksame Trennung konnte durch ihre Hochlage erfolgen (bei allerdings gegenläufiger Tendenz zur Vereinheitlichung des Fußbodenniveaus bereits am Ausgang der Romanik in Mainz und Worms) und wurde ansonsten wie üblich mittels Schranken und Lettnern bewerkstelligt. Man mag hier von weitgehend autonomen funktionalen Sonderbereichen der Kathedralen sprechen. Namentlich bei den in ihren Mauern stattfindenden außergewöhnlichen Ereignissen wie Herrscheraufenthalten, Reichsversammlungen und bischöflichen Synoden unter Beteiligung zahlreicher geistlicher und weltlicher Würdenträger ist auch mit einer deutlich vermehrten Zahl zum Teil ortsfremder Kleriker zu rechnen. Deren Mitwirkung an den liturgischen Feiern und die angemessene Unterbringung aller Ehrengäste erforderten den notwendige Platz und eine entsprechende Ausstattung des Gotteshauses. Ferner waren die Dome als Mutterkirchen ihrer Diözesen der genuine Ort bischöflicher Sakramentenspendung wie Taufe, Firmung, vorösterliche Rekonziliation der Büßer sowie Diakon- und Priesterweihe. Zudem bildeten sie an bestimmten Festtagen das Ziel von Prozessionen städtischer und auswärtiger Konvente oder Pfarrgemeinden. Des weiteren gab es ganzjährig stattfindende Wallfahrten zu populären Gnadenbildern (z.B. im Speyerer Dom). Dabei hatten die örtliche Laienbevölkerung und womöglich weitgereiste Pilger von der Stadtseite her Zutritt hauptsächlich im Langhaus und gegebenenfalls in Krypten. Generell ist mit deutlich voneinander abweichenden Verhältnissen im Verlauf des Kirchenjahres und seinem Wechsel zwischen prunkvollen Pontifikalämtern an den Hochfesten und dem Kapitelgottesdienst normaler Werktage zu rechnen, dessen Rhythmus durch die sieben Horen des Stundengebetes festgelegt war. Manches davon spiegelt sich in einschlägigen liturgischen Regiebüchern, von denen spätmittelalterliche Exemplare eines *Liber Ordinarius* aus Mainz und Speyer bewahrt blieben. Sie erlauben mit einiger Vorsicht auch Rückschlüsse auf gottesdienstliche Handlungen vorangegangener Jahrhunderte in ihrem jeweiligen sakraltopographischen Kontext.

Die Dome und ihre Immunitätsbezirke im Vergleich

Unser Führer stellt die oberrheinischen Nachbarkathedralen nicht im Sinne einer chronologisch geordneten Architektur- und Ausstattungsgeschichte vor, sondern als Rundgang vor Ort (jeweils von außen nach innen). So werden Unterschiede und vor allem Gemeinsamkeiten der drei romanischen Baudenkmäler und ihres früheren Umfeldes dem vergleichenden Blick des heutigen Besuchers unmittelbar anschaulich gemacht. Das betrifft Entstehungsgeschichte und historische Nutzung ebenso wie Erläuterungen des architektonischen und kultgeschichtlichen Typus, verbunden mit dem Versuch liturgischer Funktionsanalyse. Eine wichtige Übereinstimmung stellt auch das zeichenhafte Selbstverständnis der drei Bischofskirchen als weithin sichtbare vieltürmige „Stadtkronen" dar. Sie wurden so zum identitätsstiftenden monumentalen Bezugsobjekt, das mit dem Rechts-, Verfassungs- und Wirtschaftsleben der betreffenden Siedlungen in enger Verbindung stand. Darauf deutet nicht zuletzt die finanzielle Unterstützung der Dombauten im 12. Jahrhundert durch Angehörige führender örtlicher Bevölkerungskreise hin, was man in Mainz und Worms sogar am Bauwerk selbst durch eingemeißelte Stifternamen dokumentiert hat. Ein Bezug zur verfassungsmäßigen Herausbildung der Stadtgemeinden erscheint offenkundig, die sich zu ihrer Legitimation auf den christlichen Kult und ein durch seine Ausübung ideell überhöhtes Ortsbild mit dominierenden Sakralbauten berufen konnten. Das lässt sich dem Text der Widmungsinschrift im Bogenfeld oberhalb des Wormser Dom-Nordportals eindeutig entnehmen. Deren letzter Satz entspricht nämlich wörtlich der Umschrift des etwa gleichzeitig entstandenen ältesten Stadtsiegels. Auch in Mainz und Speyer ist von einem kausalen Zusammenhang königlicher und bischöflicher Privilegienerteilungen, der dortigen Domportalinschriften sowie des Vorrechtes städtischer Siegelführung auszugehen. In dieselbe Richtung deutet eine formal ähnliche Gestaltung der drei typenmäßig verwandten Siegel mit ihrer zentralen Darstellung des jedes Mal identischen Bistums-, Stadt- und Kathedralpatrons bei mehr oder weniger ausgebildetem Realitätsgrad der üblicherweise stilisierten architektonischen Einzelformen.

Bestimmend für die bis heute im Wesentlichen kaum veränderte hochmittelalterliche Gestalt der Dome waren in allen drei Fällen Planungen des 11. Jahrhunderts. In Mainz und Worms sind sie charismatischen Bischofspersönlichkeiten der ausgehenden ottonischen Epoche zu verdanken, die auch sonst Grundlegendes für die Entwicklung ihrer Bistümer im weiteren Verlauf des Mittelalters geleistet haben. Speyer bildet insofern eine Ausnahme, als die 1024 zur Macht gelangte Dynastie der Salier hier ihre herrscherliche Grablege einrichtete. Daher gingen entscheidende Impulse für den Neu- und baldigen Umbau dieser Kathedrale vornehmlich vom Königshaus und weniger vom Ortsbischof oder seinem Kapitel aus. Doch lässt sich zeitweilig auch für die beiden anderen Dome eine königliche Unterstützung der Baumaßnahmen feststellen. Ihr Abschluss erfolgte in Speyer bereits mit dem Ende der salischen Herrschaft, in Mainz und Worms erst in der späten Stauferzeit. Alle jüngeren Ergänzungen oder Erneuerungen blieben im Kernbereich für den architektonischen Gesamteindruck der drei Kathedralen weitgehend unerheblich. Beträchtliche Einbußen an historischer Bausubstanz machen sich allerdings in unmittelbarer Umgebung der Dome bemerkbar, desgleichen hinsichtlich ihrer (größtenteils untergegangenen) ursprünglichen liturgischen Ausstattung. Kaum etwas wissen wir über die ältesten Domorgeln, schon im Spätmittelalter ersetzt durch größere und leistungsfähigere Instrumente. Von den romanischen Leuchterkronen und Standleuchtern, Triumphkreuzen, Altarziborien und Antependien oder Retabeln, Reliquienschreinen aus Edelmetall und Heiligenstatuen sowie den mittelalterlichen Bischofsthronen, Zelebrantensitzen und Chorgestühlen, den Lesepulten und Grabmal-Aufbauten zeugen meist nur noch selektiv überlieferte Schriftquellen. Gleiches gilt für vorneuzeitliches Altargerät und sonstiges Schatzkammergut sowie frühe Paramente. Als Ursache der Verluste sind vor allem die 1689 von französischen Truppen planvoll herbeigeführten Zerstörungen während des Pfälzischen Erbfolgekrieges und im Gefolge der Revolution von 1789 zu nennen. Im Zuge der anschließenden Säkularisation des Jahres 1803 kam es außerdem zur Aufhebung des Bistums Worms. Dessen Kathedrale wurde zurückgestuft zur einfachen Pfarrkirche (1925 durch den päpstlichen Ehrentitel einer *Basilica minor* ausgezeichnet), während die Dome von Mainz und Speyer seit 1821 wieder als Bischofssitze fungieren.

Worauf hat der heutige Besucher vor allem zu achten, wenn er in den drei Kathedralen nach Spuren hochmittelalterlicher Liturgieausübung und Kultpraxis Ausschau hält? Als fremdartig und erklärungsbedürftig wird man wohl vor allem die in Mainz und Worms begegnende Doppelchörigkeit empfinden. Selbst der ausschließlich geostete Speyerer Dom mit axialem westlichen Haupteingang erinnert durch die „wägende Gruppierung"

Mainz, Zweites großes Stadtsiegel. *Erstmals nachgewiesen 1254 als Ersatz eines älteren, bereits gleichartig gestalteten Siegels aus der Mitte des 12. Jahrhunderts. Kleeblattförmige Bogenrahmung mit Arkadenreihen und Türmchen, seitlich eingefasst von mehrgeschossigen Turmbauten mit Dächern und Zinnen. Darunter auf einem Faldistorium sitzend der Stadt- und Dompatron St. Martin in Pontifikalgewändern mit erzbischöflichem Pallium. Er hebt segnend die Rechte, in seiner linken Hand hält er den Bischofsstab. Seitliche Bezeichnung: S[AN]C[TV]S MAR//TIN[VS] (Heiliger Martin). Umschrift des Siegels: AVREA MAGONTIA ROMANE ECCL[ESI]E SPECIALIS FILIA (Goldenes Mainz, besonders ausgezeichnete Tochter der Römischen Kirche)*

Worms, Stadtsiegel. *Entstanden im letzten Viertel des 12. Jahrhunderts, frühester bekannter Abdruck von 1249. Unter einem Kleeblattbogen thront der Stadt- und Dompatron St. Petrus mit zwei Schlüsseln und einem aufgeschlagenen Buch. Darüber eine sakrale Dreiturmgruppe mit Zwerggalerien, wohl als Abbreviatur des östlichen Domchores zu verstehen. Am rechten und linken Siegelrand jeweils hintereinander gestellt zwei mit Zinnen versehene profane Tore und Türme. Aufschrift des Kleeblattbogens: SE[M]P[ER] ERIS CLIPEO GE[N]S MEA TVTA MEO (Stets wirst Du, mein Volk, unter meinem Schild sicher geborgen sein). Ergänzte Umschrift des Siegels: TE SIT TVTA BONO WORMACIA PETRE PATRONO (Unter Dir, Petrus, seinem guten Schutzherrn, möge Worms sicher sein)*

Speyer, Zweites Stadtsiegel. *Entstanden zwischen 1212 und 1231. Umschrift des Siegels: SIGILLVM CIVIVM SPIRENSIVM (Siegel der Speyerer Bürgerschaft). Summarische, doch im individuell gestalteten Detail leicht nachvollziehbare Wiedergabe der nördlichen Längsseite des sechstürmigen Domes vom städtischen Versammlungsplatz („Freithof") aus. Im Zentrum unter einem Dreipassbogen die Halbfigur der Gottesmutter als Stadt- und Dompatronin mit dem Jesusknaben auf ihrem Schoß, der seine linke Hand zum Segensgestus ausstreckt. Das Hauptportal des Westbaus als Anbringungsort des Stadtprivilegs von 1111 wird deutlich hervorgehoben*

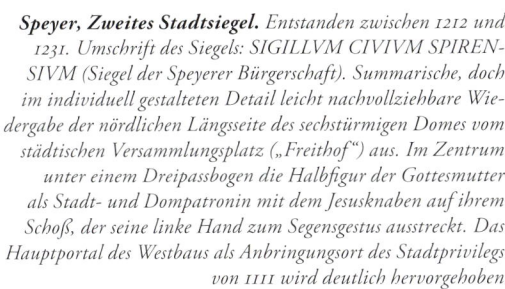

(Edgar Lehmann 1949) seiner zweipoligen Turmgruppen wenigstens im Außenbau an diese vornehmlich auf Reichsgebiet konzentrierte Kult- und Bautradition unter den Karolingern, Ottonen und Saliern. Sie wurde in Köln und Regensburg bei Errichtung der gotischen Kathedralen ab Mitte des 13. Jahrhunderts aufgegeben, von anderen Domerneuerungen des Hoch- und Spätmittelalters (neben Mainz und Worms u.a. Augsburg, Bamberg, Münster, Naumburg, Paderborn, Trier) jedoch beibehalten. Daraus ergab sich eine Reihe von Konsequenzen, zum Beispiel Hauptportale an den Längsseiten des Kirchenschiffs sowie die Existenz zweier (gleichrangiger?) Hochaltäre, an denen nach dem Festkalender des Kirchenjahres variierend die Eucharistiefeiern von Bischof und Stifts-

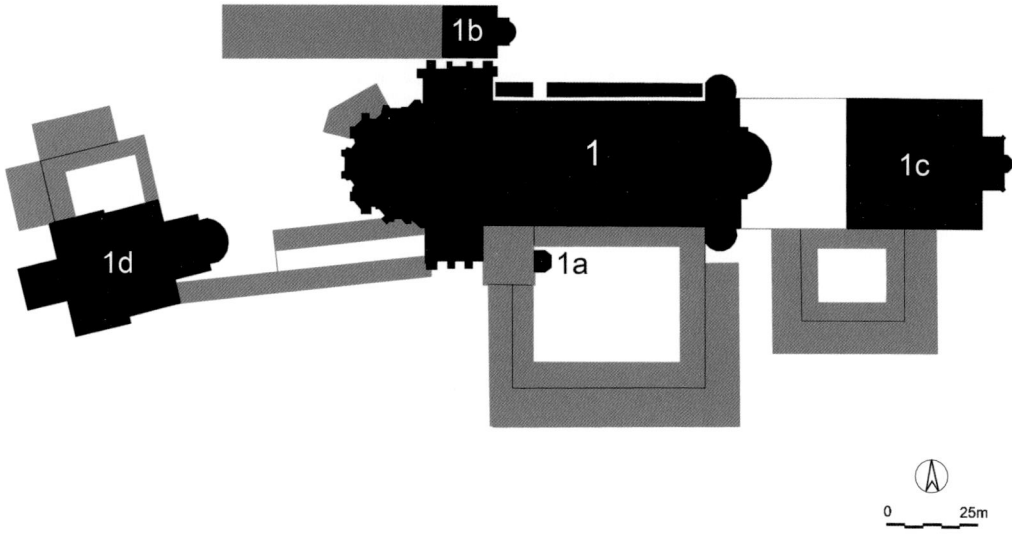

kapitel stattfanden. Gegebenenfalls erforderte dies auch eine Verdoppelung des abgeschrankten Chorgestühls für das ortsgebundene Stundengebet der Kanoniker. Dessen Aufstellung kann übrigens wegen der dabei gewöhnlich angestrebten kurzen Verbindungswege zu bestimmten Klausurräumen (Kapitelsaal, Dormitorium) generelle Rückschlüsse auf die sakrale Binnentopographie früherer Zeiten nahelegen. Gleichermaßen aussagefähig sind in diesem Zusammenhang praktische Vorkehrungen für eine selbst über größere Distanzen hinweg funktionierende Kommunikation zwischen den Zentren liturgischer Handlungen sowie Sänger- und Musikeremporen, Orgelbühnen und dem Aufhängungsort der Glocken. Darauf war man angewiesen, um während der Gottesdienste ihren synchronen Einsatz zu gewährleisten. Angesichts der ja überwiegend gleichartigen Aufgabenstellungen überrascht allerdings immer wieder die Vielfalt topographischer und baulicher Lösungen aus hochmittelalterlicher Zeit. Nur ein Beispiel sei herausgegriffen: Für die Spende des Taufsakraments errichtete man neben dem Wormser Dom ein eigenes Baptisterium von monumentaler Gestalt, das sich zur abhängigen Pfarrkirche entwickelte. In Mainz befand sich der Taufort gleichfalls in einer Nachbarkirche des Doms, wo jedoch ein selbständiges Stiftskapitel existierte. Hingegen bildete im Speyerer Dom die großzügig dimensionierte Krypta den architektonischen Rahmen des Taufbeckens, das so in einen sinnfälligen Vertikalbezug zum darüber befindlichen Hochaltar treten konnte. Derartige Beobachtungen sprechen gegen die Vorstellung einer primär funktionsorientierten Typenauswahl, die man imaginären Anforderungskatalogen schematisch „gebauter Liturgie" hätte entnehmen können. Vielmehr wird man immer auch lokale Traditionen und Entwicklungslinien, künstlerische Vorlieben und Stiltendenzen, nicht zuletzt persönliche Entscheidungen eines Bauherren für bestimmte Formen und Vorbilder sowie deren symbolische Bedeutungen in Rechnung stellen müssen. Als Schlussfolgerung erscheint naheliegend, „dass nach der Vorstellung der Zeitgenossen Liturgie und Architektur eine Einheit bildeten, bei der die Architektur den als Realität empfundenen Tatsachen des Glaubens angemessen und höchst individuell Ausdruck verleihen sollte" (Dethard von Winterfeld 2001).

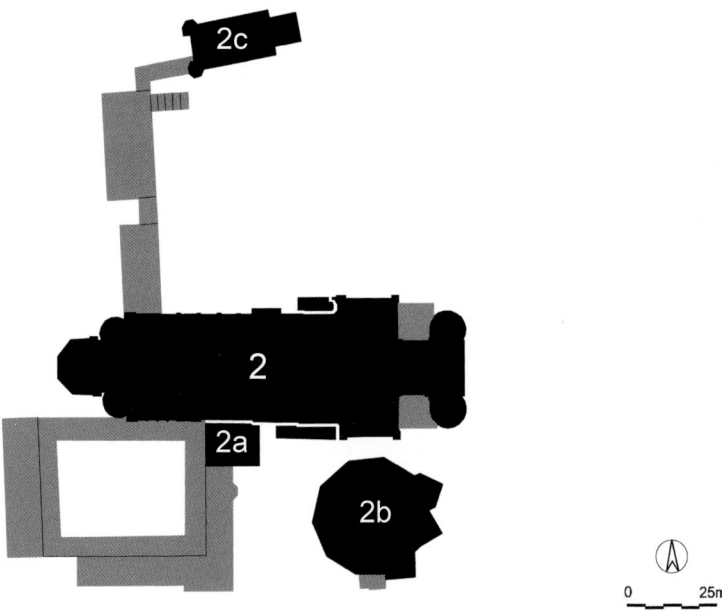

Massenpläne der drei romanischen Dome mit ihren Klausurgebäuden, Bischofspfalzen und sonstigen früheren Annexen, zum Größenvergleich **in identischem Maßstab**. Der Nordpfeil ist hier nur als schematische Angabe zu verstehen. Die Umzeichnungen basieren auf historischen Plänen sowie Grundrissen des amtlichen Kunstdenkmälerinventars, berücksichtigen daher ausnahmsweise auch jüngere Bauteile. **Schwarz** angelegt: Sakralbauten (Dome, Konvent- und Pfarrkirchen, Pfalz- u. sonstige Nebenkapellen); **Grau** angelegt: mittelalterliche Annexe (Klausurgebäude, Vorhallen, Bischofspaläste)
1. Mainz, Dom SS. Martin und Stefan
1 a. Chörlein am Kapitelsaal ("Memorie"): St. Ägidius 1 b. Pfalzkapelle St. Godehard 1 c. Stiftskirche St. Maria ad gradus 1 d. Stiftskirche St. Johannis ("Alter Dom")
2. Worms, Dom St. Peter 2 a. Kapelle im Osttrakt der Klausur: St. Nikolaus 2 b. Tauf- u. Pfarrkirche St. Johannis Baptist 2 c. Pfalzkapelle St. Stefan 3. Speyer, Dom SS. Maria u. Stefan 3 a. Doppelkapelle am Osttrakt der Klausur: SS. Emmeram/Martin u. Katharina 3 b. Kapelle am Westtrakt der Klausur: St. Laurentius 3 c. Kapelle an der Nordvorhalle: St. Afra 3 d. Kapelle neben dem Westbau: St. Paul 3 e. Pfalzkapelle St. Nikolaus 3 f. Oratorium in der Bischofs- u. Königspfalz: St. Michael

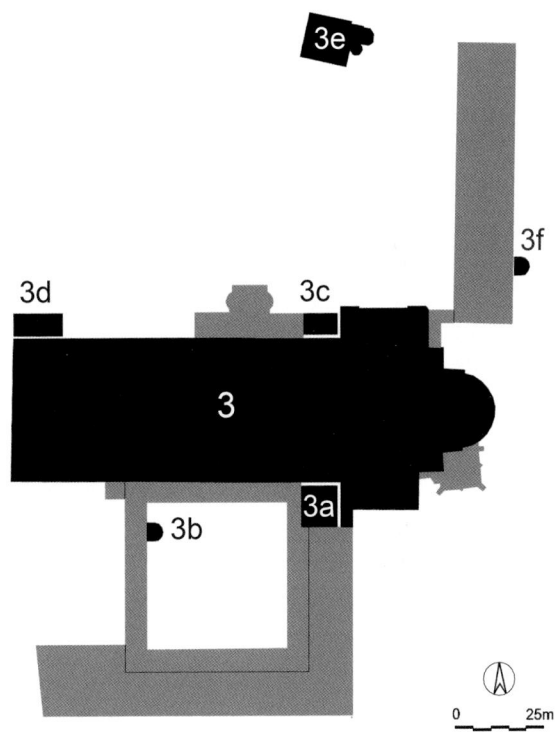

Mainz, Dom SS. Martin und Stefan mit dem ehemaligen Domneben-Kanonikerstift St. Maria ad gradus

Die heutigen Besucher des Mainzer Doms haben ein kompliziertes Raumgefüge vor Augen, dessen Grundstrukturen auf eine Zeitspanne von seiner Errichtung am Beginn des 11. Jahrhunderts bis zur Weihe des spätstaufischen Um- und Neubaus im Jahre 1239 zurückgehen. Hinzu kamen aber ursprünglich noch eine Reihe von Annexen der Kathedrale sowie zwei benachbarte Gotteshäuser mit eigenen Nebengebäuden, die zusammen eine Kirchenfamilie bildeten. Gänzlich verschwunden ist von dieser sakralen Dreiergruppe die 1803–07 abgerissene Kanoniker-Stiftskirche **St. Maria ad gradus**. Sie nahm eine axiale Position östlich des Doms ein und war mit ihm durch einen später lediglich ummauerten Atriumhof ohne begleitende Arkadengänge verbunden. Ob dies bereits ursprünglichen unter dem wohl bedeutendsten Mainzer Oberhirten Willigis (975–1011) der Fall war, wird neuerdings in Zweifel gezogen. Seine 1009 am Vorabend ihrer Weihe durch eine Brandkatastrophe zerstörte Bischofskirche war eine monumentale Basilika mit *more romano* („nach römischer Sitte") ausladendem Westquerhaus und durch runde Treppentürme erschlossenem Ostquerriegel offenbar noch ohne mittlere Konche. Daran könnte auch in gleicher Flucht ein weiterer dreischiffiger Sakralbau angeschlossen haben, dieser mit seitlich nicht vortretendem Querschiff und rechteckig ummantelter Ostapsis. Eine solche Doppelkathedrale aus zwei gegenständigen Basiliken wäre als architektonischer Reflex der durch Papst Benedikt VII. 975 vorgenommenen Erhebung ihres Erbauers zum Rangersten unter den Erzbischöfen des Reiches nördlich der Alpen zu werten, nachdem bereits Kaiser Otto I. ihn 971 zum Erzkanzler gemacht hatte. Den östlichen Abschnitt dieser zweiteiligen Gebäudegruppe hätte man dann später nicht wiederhergestellt. Während nämlich der offenbar weniger stark zerstörte westliche Hauptbau unter den Willigis-Nachfolgern Aribo und Bardo bis 1036 instandgesetzt wurde, kam es erst nach Mitte des 11. Jahrhunderts zur Neuerrichtung einer axialen östlichen Vorkirche, nun jedoch ohne direkte Anbindung an den erneuerten Martinsdom. Von erheblich geringerer Größe als ihr projektierter Vorgänger, lässt sich diese Atriumkirche mit südlich anschließendem Klausurquadrum als nur zweijochiger, der Kreuzform angenäherter Zentralbau rekonstruieren. Er besaß eine westliche Vierstützenkrypta und wohl bereits in salischer Zeit einen polygonal geschlossenen Langchor im Osten. Hier richtete Erzbischof Siegfried I. (1059–84), ehemals Abt in Fulda, nach der Kirchweihe 1069 einen Kanonikerkonvent als Domnebenstift ein. Diesem gehörten 24 Chorherren unter Leitung eines Propstes an, der zugleich Mitglied des Domkapitels war.

Das berühmte karolingische Benediktinerkloster Fulda zeichnete sich durch eine doppelchörige, zu Beginn des 9. Jahrhunderts um ein weit vortretendes Westquerschiff vergrößerte Basilika aus. Als Bestattungs- und bald darauf auch Kultort seines heiligmäßig verehrten Gründers, des ersten Main-

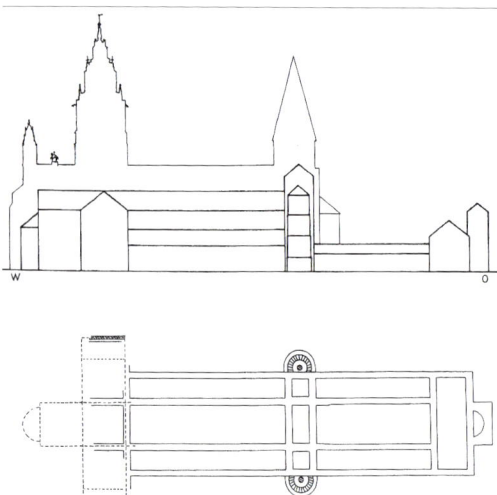

Mainz, Dom und St. Maria ad gradus. Schematischer Rekonstruktionsversuch der Bautengruppe von 1009. Grundriss und Längsschnitt (ergänzter Fundamentbefund und Aufriss der Südseite im Verhältnis zur heutigen Gestalt des Doms) nach früherem Forschungsstand (K. ESSER 1975)

zer Erzbischofs Bonifatius († 754), hatte es für die früh- und hochmittelalterlichen Dombauten des Mainzer Metropolitansitzes zweifellos Vorbildcharakter. Dies gilt gewiss immer noch für die dortige Mariagradenkirche des 11. Jahrhunderts, selbst wenn das St. Johannes Baptist-Patrozinium der 973 geweihten Fuldaer Atriumkapelle in der Längsachse der Hauptkirche und ihre zweigeschossige Baugestalt zunächst als Unterschiede zu vermerken sind. Doch diente die Mainzer Stiftskirche ja gleichfalls als Baptisterium des Doms. An ihrem wahrscheinlich in der Krypta aufgestellten Taufbecken fand am Karsamstag die alljährliche Taufwasserweihe in Anwesenheit des Kathedralklerus statt. Somit lässt sich hier wie dort eine Verwandtschaft zu Baptisterien südlich der Alpen in vergleichbarer Axiallage mit verbindenden seitlichen Atriumgalerien wie z.B. vor den Kathedralen von Parenzo oder Novara konstatieren. Ebenso trifft das für die entsprechenden Bautengruppen des spätottonischen Essener Kanonissenstifts und des salischen Regensburger Doms zu, die jeweils St. Johannes Baptist geweihte axiale Annexkirchen aufweisen. Entscheidenden Einfluss auf die Neubaupläne der Mainzer Marienkirche übte jedoch offenkundig die wenige Jahre zuvor östlich des Alten Kölner Doms errichtete Kanoniker-Stiftskirche gleichen Titels aus, deren Kapitel 1057 gegründet wurde. Der Zusatz *ad gradus* dürfte sich übrigens in beiden Fällen durch doppelläufige Treppenanlagen hinab zu Hafenanlagen am Rheinufer erklären. Sie konnten für den feierlichen Einzug (*adventus*) prominenter Besucher durch die Seitenschiffe der Nebenkirchen und die Atrien bis ins Innere des jeweiligen Doms genutzt werden. Darüber hinaus ist ein der kirchenpolitischen Situation des mittleren 11. Jahrhunderts geschuldeter Bezug auf Patrozinium und Lage der Marienkirche *in turri* oder *ad gradus* am Ostatrium von Alt St. Peter in Rom unübersehbar, die im Zeremoniell der mittelalterlichen Kaiserkrönungen eine wichtige Rolle spielte. Als unmittelbare Veranlassung zur Demonstration besonderer Rom-Nähe durch den Bau der Kölner Mariagradenkirche gilt nämlich die von Papst Leo IX. im Jahre 1049 bei einem Besuch vor Ort gewährte, 1052 bestätigte Auszeichnung des Kölner Erzbischofs. Sie verbriefte dem wichtigsten Rivalen des Mainzer Metropoliten unter anderem seine Vorrangstellung bei der Krönung des deutschen Königs. Zur alsbald folgenden Mainzer Gegenreaktion gehörten offensichtlich die genannten Baumaßnahmen als mit architektonischen Mitteln

---

Mainz, Dom mit St. Maria ad gradus. Schematische Rekonstruktionspläne ihres Zustandes in der Mitte des 13. Jahrhunderts (Bildlegenden zu den Planzeichnungen der nachfolgenden Doppelseite).

S. 12: Erdgeschossgrundriss des Domes und seiner Annexe. Dazu in den Vignetten Grundriss-Ausschnitt der Westteile in den oberen Bereichen (A); Grundriss-Ausschnitte der Ostteile im mittleren Geschoss (B) und oberen Geschoss (C)

S. 13: Längsschnitt des Domes, zu den Grundrissen auf der linken Seite passend. Frei rekonstruierter Erdgeschossgrundriss der romanischen Stiftskirche St. Maria ad gradus, in der Vignette zugehöriger Längsschnitt

Der Dom u. seine Anbauten, Altäre: a. westlicher Hochaltar unter einem Ziborium: St. Martin b. östlicher Hochaltar: St. Stefan c. vermutlich ursprünglicher Standort des Kreuzaltars d. Altar vor der östlichen Chorschranke: St. Maria e. Nebenaltar im nördlichen Querschiffarm: St. Bartholomäus f. Altar im Untergeschoss der Pfalzkapelle: St. Godehard g. Hauptaltar im Obergeschoss der Pfalzkapelle (Patrozinium unbekannt) h, i: Seitenaltäre im Obergeschoss der Pfalzkapelle (Patrozinien unbekannt) k. Altar in der frühgotischen Sakristei am Westchor: SS. Simon u. Juda m. Altar im Chörlein des Kapitelsaals („Memorie"): St. Ägidius
Grablegen: 1. Erzbischof Aribo († 1031) 2. Erzbischof Bardo († 1051) 3. Dignitäre des Domkapitels (Dompropst Anselm † 1122), ferner u.a. Erzbischof Siegfried III. von Eppstein († 1249) im Ostchor 4. Erzbischof Adalbert I. von Saarbrücken († 1137) in der Pfalzkapelle 5. Domkanoniker im Kapitelsaal („Memorie") Nebenräume u. Annexe: 6. stadtseitiger Haupteingang (Marktportal) mit Bronzetür als Träger einer Stifterinschrift des Erzbischofs Willigis († 1011) und des Stadtprivilegs von Erzbischof Adalbert I. aus dem Jahre 1135 7. hochgelegener Ausguck (später Erker des Nachtwächters) im nördlichen Querschiffarm 8. beidseitige Sakristeien u. Schatzkammern im mittleren Geschoss des Ostquerbaus 9. beidseitige Hochräume im oberen Geschoss des Ostquerbaus 10. Palatium (Pfalz) der Erzbischöfe, mit Direktzugang in beide Geschosse der Pfalzkapelle; vom Obergeschoss Verbindungssteg zum Treppenabgang in den nördlichen Querschiffarm des Doms 11. südwestliches Atrium, Durchgang zum Domfriedhof („Leichhof") und zum Kanonikerstift St. Johannis („Alter Dom")
St. Maria ad gradus, Altäre u. Grablege: n. Hochaltar: St. Maria p. Kreuzaltar q. Altar in der Krypta: St. Johannes Baptist (?) 12. Grablege Erzbischof Arnold von Selenhofen († 1160)

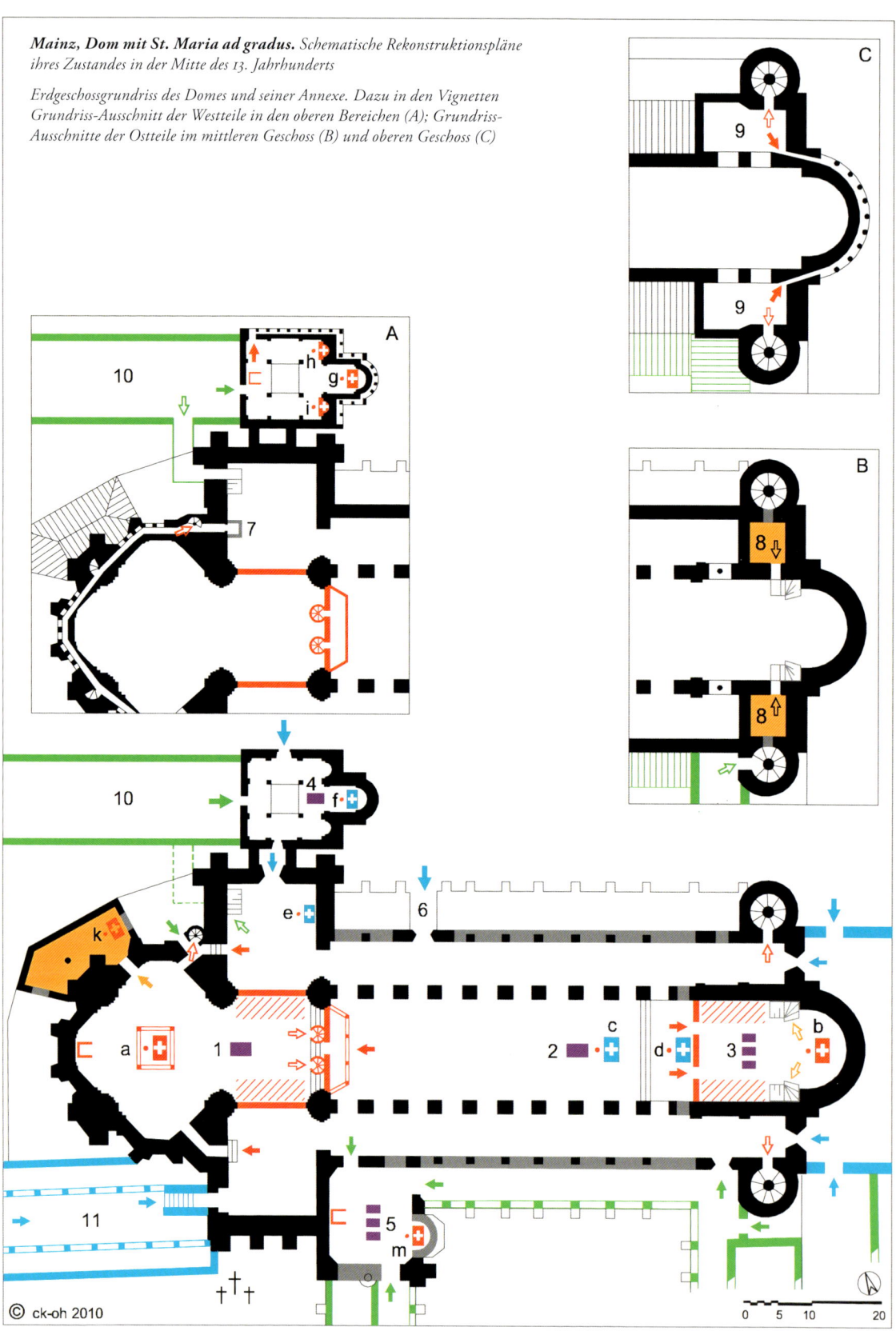

Längsschnitt des Domes, zu den Grundrissen auf der linken Seite passend. Frei rekonstruierter Erdgeschossgrundriss der romanischen Stiftskirche St. Maria ad gradus, in der Vignette zugehöriger Längsschnitt

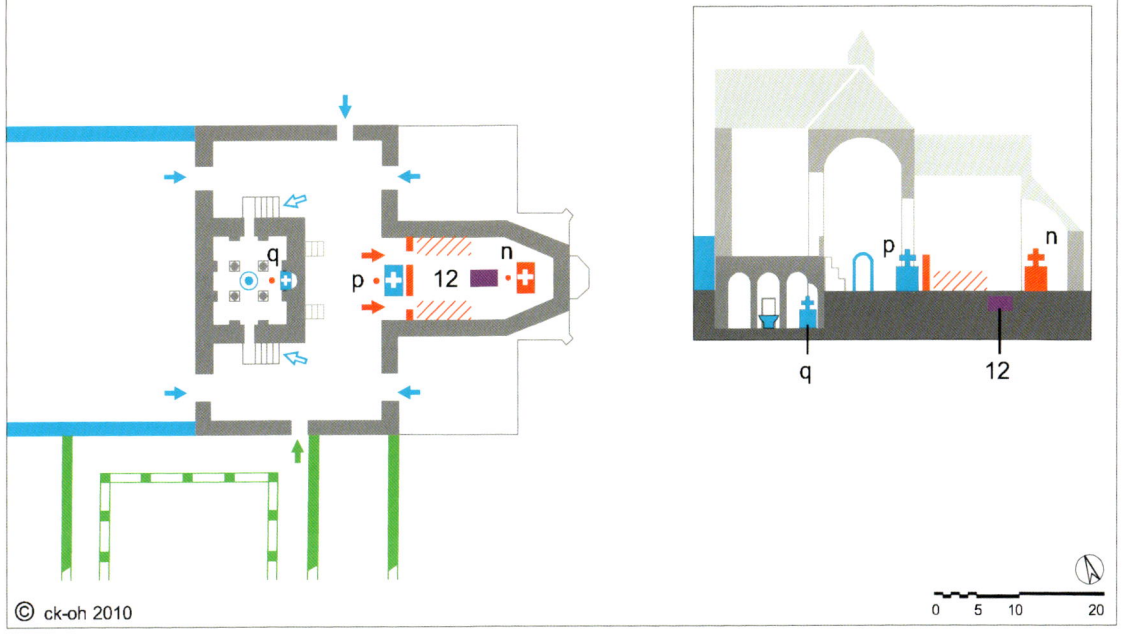

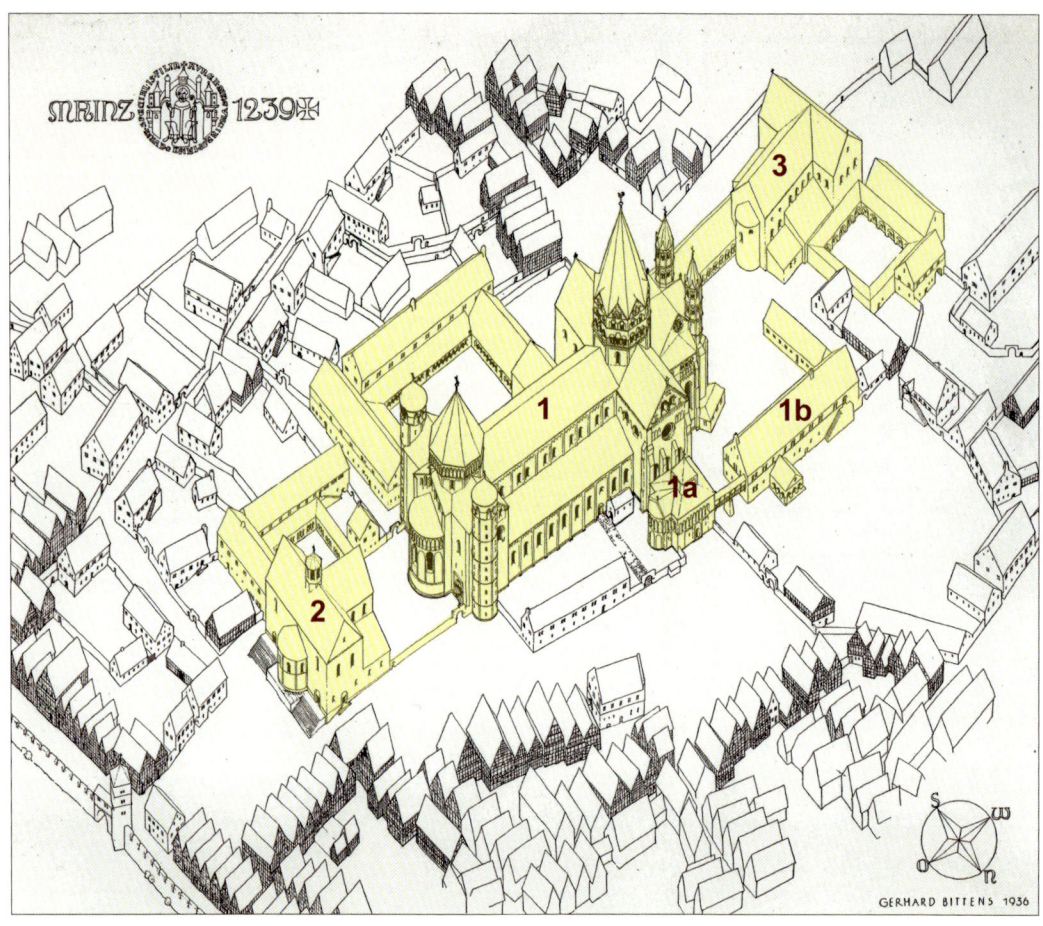

Mainz, Vogelschau der einstigen Bautengruppe des Doms. Zeichnerische Idealrekonstruktion des Zustandes Mitte 13. Jahrhundert (Blick von Nordosten). Farbig unterlegt: 1. Dom SS. Martin u. Stefan 1 a. Pfalzkapelle St. Godehard 1 b. Königliche und erzbischöfliche Pfalz 2. Stift St. Maria ad gradus 3. Stift St. Johannis ("Alter Dom")

artikulierter Anspruch darauf, im Sinne der durch Willigis verkörperten Selbsteinschätzung des Erzstuhls die unter den Ottonenkaisern erworbenen Privilegien und Hofämter zu behaupten.

Ein weiterer Sakralbau der hochmittelalterlichen Mainzer Domumgebung ist der im Westen gelegene, in seinen ältesten Teilen auf die Zeit um 900 zurückgehende **Alte Dom**. Auch er war bereits wie der spätere Martinsdom doppelchörig mit westlichen Kreuzarmen, welche jedoch nur wenig über die Langhausbreite hinausreichten. Der unmittelbare Nachfolger von Willigis, Erzbischof Erkanbald († 1021), musste wegen der anhaltenden Bauarbeiten am Martinsdom noch hier bestattet werden. Nach dessen Vollendung verlieh Erzbischof Bardo (1031–51) dem Vorgängerbau bezeichnenderweise wiederum als neues Patrozinium den Titel Johannes des Täufers und richtete hier ein zusätzliches Kanonikerstift ein. Sein Propst war im Hochmittelalter stets in Personalunion der Domkustos, an Kanonikerpräbenden gab es lediglich zwölf. Das Klausurgeviert lag nach Norden. Entsprechend der östlichen Marienkirche wurde auch die westliche Johanniskirche früher durch ein (hier teilweise von überdachten Gängen mit Verkaufslä-

Mainz, heutige Vogelschau der einstigen Bautengruppe des Doms (von Westen/oben nach Osten/unten): „Alter Dom" St. Johannis – Martinsdom – Standort von St. Maria ad gradus (gotisches Sanktuarium durch teilweise Aufmauerungen im Pflaster des Platzes markiert)

den und Marktständen gesäumtes) Atrium mit dem Martinsdom verbunden. So entstand im 11. Jahrhundert eine eindrucksvolle Kathedralgruppe aus drei Gotteshäusern auf annähernd gemeinsamer Längsachse. Die beiden Nebenkirchen galten gewissermaßen als äußere Vorposten zur geistlichen Abschirmung des Doms. Wie in Paderborn können sie als Reduktionsform der u.a. aus Utrecht, Bamberg und Fulda bekannten, mehrheitlich der Salierzeit entstammenden „Kirchenkreuze" aufgefasst werden.

Auf den beiden Längsseiten des Martinsdoms war nach alter, zum Beispiel auf dem karolingischen St. Galler Klosterplan bereits systematisierter Gewohnheit die Annäherung unterschiedlicher Personenkreise vorgesehen. Im Norden befanden sich die Haupteingangsseite für die Stadtbevölkerung sowie, gleichfalls der Öffentlichkeit zugewandt, der Bischofspalast. Er diente wie üblich zugleich als Absteigequartier des Hofes bei Herrscherbesuchen. Seine parallele Anordnung in Ost-West-Richtung beruhte vielleicht auf einem frühen Vorläufer, errichtet in Zusammenhang bereits mit dem Alten Dom. Üblicherweise würde man nämlich einen wie z. B. in Worms, Speyer und Bamberg quer zur Kathedrale gestellten Saalbau erwarten. Die zugehörige Pfalzkapelle St. Godehard, 1138 dem erst kurz zuvor kanonisierten Hildesheimer Bischof geweiht, grenzte ursprünglich direkt an den nördlichen Querschiffarm des sali-

Mainz, Dom. Pfalzkapelle St. Godehard. Ansicht von Norden. Am linken Bildrand Marktportal zum nördlichen Seitenschiff des Doms

schen Doms. Daher bewahrt sie im Aufgehenden ein Teil von dessen früherer Stirnwand. Erst durch eine stauferzeitliche Verkürzung der Kreuzarme im Zuge von deren Einwölbung ergab sich der jetzige schmale Zwischenraum. Es handelt sich um einen zweigeschossigen kreuzgratgewölbten Vierstützenbau, in dem unten Rechteckpfeiler, oben stämmige Säulen mit Würfelkapitellen Verwendung finden. Seine quadratische mittlere Gewölbeöffnung wurde ehemals von einem oktogonalen Türmchen überhöht. Der längsoblonge Baukörper hat nach Osten einen eingezogenen Rechteckchor mit Halbkreisapsis. Als sein formales Vorbild erweist sich unverkennbar die in den Jahren nach 1080 vollendete Doppelkapelle des Speyerer Doms (siehe S. 66 f.). Diese war allerdings ins Quadrum der dortigen Klausurgebäude integriert und diente somit anderen Aufgaben. Auch funktional gut vergleichbar sind hingegen die dem gleichen Typus angehörenden, doch nur archäologisch nachgewiesenen Bischofskapellen neben den Domen von Köln und Trier. Wie bei mehrgeschossigen Oratorien hochmittelalterlicher Herrscherpfalzen und Residenzburgen (etwa Nürnberg, Eger, Landsberg, Neuenburg) erscheint auch hier eine früher angenommene soziale Differenzierung der Kapellenräume – oben die Herrschaft, unten das Gefolge – mittlerweile revisionsbedürftig. Darauf deutet z.B. schon ein künstlerisch und in seiner theologischen Konzeption gleichermaßen anspruchsvolles Ausmalungsprogramm im Erdgeschoss der Doppelkapelle zu Schwarzrheindorf bei Bonn, während der darüber liegende Hochraum traditionsgemäß einen Thronsitz des Kölner Erzbischofs als Burgherren enthielt. Ebenso ist in Mainz der Thron des Erzbischofs mittig vor der Westwand im Obergeschoss der Kapelle anzunehmen. Deshalb musste die Verbindungstür zu seinen Wohn- und Amtsräumen in der ehemals angrenzenden Palastaula etwas aus der Längsachse gerückt werden. Auf dieser Ebene existierten früher auffallenderweise drei Altäre für den privaten Gottesdienst des Metropoliten und seiner Gäste. Von hier aus zugänglich war zudem die außen an der Nord- und Ostseite der Kapelle umlaufende Zwerggalerie. Sie dürfte ehemals wie eine Verlängerung entsprechender Arkadenreihen im Obergeschoss des Pfalzgebäudes gewirkt haben. Trotz ihrer geringen Breite eignete sie sich etwa für Reliquienweisungen, als Ort öffentlicher Verlautbarungen oder als Sänger- und Musikerbühne bei feierlichen Einzügen durch das Marktportal in den Dom. Auf die nachträgliche Überformung seiner Türflügel durch den Erbauer der Pfalzkapelle, Erzbischof Adalbert I. von Saar-

Mainz, Dom. Pfalzkapelle St. Godehard. Blick von einem Standort neben dem früheren Platz des erzbischöflichen Thronsitzes im Obergeschoss nach Osten auf die Altarstellen der Oberkapelle, zugleich durch die Gewölbeöffnung hinab auf den Hauptaltar und die Grablege des Erzbischofs Adalbert I. von Saarbrücken († 1137) im Erdgeschoss. Unterhalb der mit Inschrift versehenen modernen Steinplatte des Fußbodens in axialer Position vor dem Gitter wurden 1850 die Gebeine des Stifters aufgefunden, dabei eine Bleitafel mit Authentik-Formel sowie Bischofskrümme, silberner Grabkelch und Patene

brücken († 1137), ist noch zurückzukommen. Es gab früher keine Treppenverbindung zum Untergeschoss der Godehardkapelle, das durch einander gegenüberliegende Portale in seinen Längswänden den ursprünglichen Zugang vom Markt ins Westquerschiff der Kathedrale weiterhin möglich machte. Jedoch war vom hochgelegenen ortsfesten Bischofsthron ein direkter Blick durch die zentrale Gewölbeöffnung hinab auf das Stiftergrab vor dem Hauptaltar in der Apsis des Untergeschosses zwingend vorgegeben. Bereits durch diese bauliche Disposition blieb die Anteilnahme später amtierender Erzbischöfe am dort vollzogenen Gebetsgedächtnis für ihren Vorgänger gewährleistet.

Die südliche Längsseite des Martinsdomes war dagegen ausschließlich dem Kathedralklerus vorbehalten. Er bestand aus einem Kapitel adeliger Domkanoniker, deren Anzahl im Spätmittelalter 24 betrug. Sie besaßen meist nur die Diakonats- oder Subdiakonatsweihe, lediglich vier Präbenden waren seit dem 13. Jahrhundert für Priester reserviert. Zahlreiche besoldete Geistliche niederen Ranges (Vikare) übernahmen die Hauptlast des Gottesdienstes. Einer von ihnen amtierte als für die Laienseelsorge zuständiger *plebanus* (Dompfarrer) am Kreuzaltar. Von den um einen annähernd quadratischen Kreuzgang gruppierten Gemeinschaftsräumen der **Klausur** sind frühzeitig die Domschule (am Westflügel, mit direktem Zugang vom Obergeschoss in den südöstlichen Treppenturm) und das Refektorium bezeugt, dem eine bereits 1085 genannte Vorläuferin der heutigen gotischen Nikolauskapelle benachbart war. Die Raumverteilung erweist sich mit Rücksicht auf den westlichen Haupt- und Kapitelchor, zu dem man kurze Verbindungswege anstrebte, als gegenläufig zum gewohnten Schema: Der Kapitelsaal und das im Obergeschoss darüber befindliche Dormitorium lagen im Westtrakt, vergleichbar der entsprechenden Situation u.a. am Bamberger Dom und in St. Michael zu Hildesheim. Zwar wich die Vita communis der Domkanoniker 1254 endgültig einer Lebensweise in Einzelwohnungen (Kurien), doch dürfte ein gemeinsamer Schlafsaal weiterhin für Pfründenanwärter (Domizellare), Hilfsgeistliche (Vikare) und Stiftsschüler benötigt worden sein. In Mainz stößt der Klausur-Westtrakt nicht direkt an das Querschiff. Daher war auch kein anderorts häufig anzutreffender Treppenabgang („Nachttreppe") ins Gotteshaus vorhanden, wie z.B. im Dom zu Worms (siehe S. 44). Eine weitere Besonderheit besteht darin, dass der westliche Kreuzgangflügel (wie sonst nur noch beim Trierer Dom und im westfälischen Kanonissenstift Geseke) durch den Kapitelsaal hindurchgeführt ist. Der quadratische, stützenlose Raum mit einer östlich angefügten (spätgotisch erneuerten) Apsidiole ist bald nach 1200 errichtet worden. Die Altarstelle musste zur Südostecke des Raumes hin verschoben werden, um Platz für die Einmündung des romanischen Kreuzgang-Nordflügels zu lassen, der ab 1300 durch die Südreihe der gotischen Langhauskapellen ersetzt wurde. Obwohl Spuren der ursprünglichen Wandgliederung eine zunächst geplante Unterteilung in drei mal drei Joche andeuten, entschied man sich für ein monumentales kuppelartiges Kreuzrippengewölbe mit ringförmigem Schlussstein. Ehemals sicher mehrseitig umlaufende Steinbänke und ein Thronsitz des Propstes in axialer Anordnung vor der Westwand entsprechen der historischen Raumfunktion als Versammlungsort des Domkapitels. Vielleicht war sogar eine Parallelität zum damaligen (nicht erhaltenen) erzbischöflichen Thron in der Westapsis des Trikonchos beabsichtigt. Dafür spricht, dass man sich ja auch (mit einer Seitenlänge von über 12 m) den Abmessungen seines quadratischen Kernbereichs annähern wollte. Die später üblich gewordene Bezeichnung des Mainzer Kapitelsaals als „Memorie" (vergleichbar den „Sepultur" oder „Mortuarium" genannten Klausurräumen bei den Domen von Bamberg, Würzburg und Eichstätt) beruht auf dem exklusiven Bestattungsvorrecht der Kanoniker im architektonischen Umfeld ihrer täglichen Präsenz zu Lebzeiten. So wurde an die gedanklich und auch rechtlich fortdauernde Zugehörigkeit verstorbener Kapitelangehöriger zur Kommunität und ihre liturgische Jenseitsfürsorge als fester Bestandteil der Kapitelsitzungen erinnert. Zusätzlich bildete das romanische, heute vermauerte Portal vom Kapitelsaal ins südliche Seitenschiff

Mainz, Dom. Kapitelsaal („Memorie"). Innenansicht nach Südosten: Blick auf das 1486 polygonal erneuerte Chörlein mit dem St. Ägidienaltar und dem gotischen Durchgang zum westlichen Kreuzgangflügel

Mainz, Dom. Kapitelsaal („Memorie"). *Nordwestecke mit der seit Anfang des 15. Jahrhunderts vermauerten und durch ein spätgotisches Portal weiter östlich ersetzten romanischen Pforte in den südlichen Querschiffarm des Doms. Ihr zum Rauminneren gerichtetes Tympanon zeigt eine Büste des Dompatrons St. Martin in Messgewändern mit Pallium, doch ohne Nimbus. In seinen Händen hält er das Modell der Mainzer Bischofskirche und ein aufgeschlagenes Buch mit der lateinischen Inschrift nach Lukas 10,5: PAX HVIC DOM[VI] ET O[MNIBVS] H[ABITANTIBVS] I[N] EA (Friede diesem Haus und allen, die darin wohnen). Am unteren Rand des Bogenfeldes wird ein bisher nicht eindeutig identifizierter Laie als Stifter des Reliefs namentlich genannt (EMCHO ZAN FIERI ME FECIT)*

als früherer Haupteinlass für alle von der Klausurseite her Kommenden im wörtlichen Sinne eine ständig erneuerte *captatio memoriae* (Aufforderung zum Gebetsgedächtnis) der an diesem Ort Begrabenen über die eigentlichen Sitzungstermine hinaus. Im skulptierten Portaltympanon trägt der Stadt- und Dompatron St. Martin das erzbischöfliche Pallium über den Messgewändern, wie dies auch auf dem etwa zeitgleichen Stadtsiegel der Fall ist (siehe S. 7). Vielleicht kann daher von einer gedanklichen Verschmelzung mit der Person des damaligen Mainzer Oberhirten Erzbischof Siegfried II. von Eppstein (1200–1230) ausgegangen werden. Als für die Umsetzung des neuen Westchorentwurfs entscheidender Bauherr hätte er den hier täglich zum gemeinsamen Einzug ins Chorgestühl

Mainz, Dom. Kapitelsaal („Memorie"). Thronsitz des Dompropstes, Detail der rechten Seitenwange: möglicherweise selbstironisch gemeinte Drolerie (bocksfüßiges tierisches Mischwesen als Hornbläser). In Analogie zu ähnlichen Figürchen an mittelalterlichen Chorgestühlen – dort notieren sie beim Psallieren ausgelassene Noten oder Silben – vielleicht deutbar als Verkörperung des Teufels, der lautstark auf ein Fehlverhalten von Kanonikern während der Kapitelversammlungen aufmerksam macht

versammelten Klerikern demonstrativ das Modell der Bischofskirche sowie ein aufgeschlagenes Buch mit lateinischer Grußformel vorgehalten, die bezeichnenderweise der Kirchweihliturgie entstammt. Der darunter verewigte Name eines Stifters offenbar aus dem Laienstand (Emicho Zan, vielleicht ein erzbischöflicher Ministeriale?) zeigt jedoch, dass diese dauerhafte Erinnerung an Verdienste des Kirchenfürsten von ihm nicht aus eigener Tasche bezahlt wurde. Ähnlich wie im Ostchor des Wormser Doms (siehe S. 47) sollten die Kanoniker sich so ihrer Dankespflicht gegenüber weltlichen Unterstützern der stauferzeitlichen Umbaumaßnahmen bewusst bleiben.

Für das Raumprogramm des Mainzer Doms bildete der 1239 im Beisein von König Konrad IV. neugeweihte **Westchor** unverkennbar den liturgischen Hauptschwerpunkt – wie schon eingangs gesagt, immer noch nach dem Vorbild von Alt St. Peter in Rom und der karolingischen Fuldaer Klosterkirche. Die Gestalt des spätstaufischen Trikonchos mag formal gewisse Vergleichsmöglichkeiten mit dem Ostchor der maasländischen Abteikirche Klosterrath bieten und hat Stilelemente der niederrheinisch-trierischen Spätromanik übernommen. Im Grunde ist sie jedoch eine singuläre Lösung von zudem außerordentlichem Rang. Der Baukörper tritt von außen wie eine Fortsetzung des Mittelschiffs als Kubus mit drei Giebelseiten in Höhe der benachbarten Querarmgiebel in Erscheinung. Ihnen sind jeweils dreiteilig gebrochene Apsiden angefügt, in deren Winkeln sich mächtige massive Strebepfeiler oberhalb einer umlaufenden Zwerggalerie als schlanke achteckige Treppentürme fortsetzen. Im Inneren ergibt sich der Eindruck eines immensen polygonalen Zentralraumes. Er wird gebildet aus neun Seiten eines Zwölfecks, die sich durch die Vorlagen der gestuften Eckpfeiler in Dreiergruppen gliedern. Als jüngster hoch-

Mainz, Dom. Kapitelsaal („Memorie"). Thronsitz des Dompropstes vor der Westwand. Reste wahrscheinlich römischer Inschriften lassen auf eine Wiederverwendung spätantiker Grabplatten schließen

Mainz, Dom. *Blick durch den westlichen Vierungsbogen nach Nordwesten ins Innere des Trikonchos. Im Bereich unterhalb der Fenster verdeckt das 1767 vollendete Chorgestühl auf ovalem Grundriss heute die spätromanischen Konchenwände. Der Hochaltar wurde bereits im 17. Jahrhundert in die Vierung (den mittelalterlichen Kapitelchor) verlegt. Die bischöfliche Kathedra befindet sich auch heute etwa am alten Standort ihres hochmittelalterlichen Vorgängers, in axialer Position vor der Westkonche.*

mittelalterlicher Bauteil und Ergebnis von Umplanungen noch während seiner Errichtung weist der Westchor mit den tief hinabreichenden, langgestreckten Rundbogenfenstern seiner Konchen bereits gotisch beeinflusste Züge auf. Ebenso bemerkt man aber gestalterische Rücksichtnahmen auf das ältere Langhaus. Von dort übernommen sind die Säulenvorlagen mit Würfelknäufen und die geschärften Wulstrippen auf kantiger Rücklage des in Ringschichtung gemauerten kuppeligen Chorjochgewölbes. Hierzu in deutlichem Kontrast stehen die flachen Wandpilaster, Laubwerkkapitelle und breiten Bandrippen in den drei Konchen. So wird deren eigenständiger Charakter deutlich, wobei man vielleicht die Assoziation einer Art Vergitterung der großen, leicht gespitzten Apsisbögen erreichen wollte.

Die zum Westchor gehörige Sakristei erfüllte auch Archiv- und Schatzkammerfunktionen und besaß einen eigenen Altar. Ihre Architekturformen sind bereits einheitlich frühgotisch-zisterziensisch geprägt. Sie schmiegt sich der stark bewegten äußeren Umrisslinie des Trikonchos trapezförmig an. Dies wurde geschickt zu komplizierten Nischen- und Gewölbelösungen genutzt wie unter ähnlichen Bedingungen beim etwa zeitgleichen Baptisterium von St. Gereon in Köln. Der Ostchor hatte eigene Sakristei- und Tresorräume. Ob bereits der vorangegangene salische Westchor architektonisch ebenso prägnant hervorgehoben war, ist mangels archäologischer Befunde ungewiss. Vielleicht besaß er auch nur eine Apsis direkt am ausladenden „römischen" Querschiff, noch ohne entwickeltes Sanktuarium. Jedenfalls waren die Wahl der symbolträchtigen Zentralbauform und eine Absenkung des Laufniveaus auf das der Vierung Entscheidungen während der letzten spätstaufischen Planungsphase des Trikonchos. Seine einzigartige Wirkung als architektonische Würdeformel entfaltete sich ehemals in Kombination mit einem freistehenden viereckigen Säulenziborium über dem in die Mitte gerückten alten Hochaltar. Bereits Erzbischof Bardo († 1051) hatte es mit einer Hülle aus Edelmetall verkleiden lassen. Diese seit der Spätantike vor allem in Italien und Frankreich verbreiteten Baldachine konnten sich auf ein prominentes Vorbild in der konstantinischen Lateranbasilika zu Rom berufen, waren in Deutschland allerdings vor dem Spätmittelalter eher selten. Das nächste Vergleichsbeispiel der ausgehenden Stauferzeit befand sich bis zu seiner Zerstörung im 18. Jahrhundert in der Stiftskirche zu Limburg an der Lahn. In Mainz sah ein unter dem Ziboriumdach vor der Westseite des Altares stehender Zelebrant über dessen Mensa hinweg nach Osten auf den Kapitelchor in der Vierung. Es gab also früher keinen ständigen Durchblick ins Langhaus, und umgekehrt für dort versammelte Laien keine (oder bei temporärer Öffnung der Lettnertüren allenfalls stark eingeschränkte) Möglichkeiten der Wahrnehmung des liturgischen Geschehens am Hochaltar. Man kann vielmehr von einer absichtlichen Isolierung und weitgehenden Separation des westlichen Kultzentrums der Kathedrale sprechen. Es blieb exklusiv gottesdienstlichen Handlungen von Erzbischof und Domkapitel vorbehalten bei eventueller Beteiligung privilegierter Gäste zu besonderen Anlässen. Eine etwas ältere Parallele hierzu in allerdings stark abgeschwächter, reduzierter Form

Mainz, Dom. Frühgotische Sakristei an der Nordkonche des Trikonchos: Innenansicht nach Westen

Bassenheim, Pfarrkirche. *Vom „Naumburger Meister" geschaffenes Relief des Mainzer Dompatrons St. Martin zu Pferde, der seinen Mantel mit einem Bettler teilt. Wahrscheinlich Bestandteil der seitlichen Schranken des Westchores im Dom zu Mainz bis zu deren Abbruch im 17. Jahrhundert*

lässt sich mit dem Westchor des Wormser Doms namhaft machen (siehe S. 57 f.). Auch der Bischofsthron in der Kirchenachse ging auf altchristliche Tradition zurück, die man im Mainzer Dom aus beinahe historisierender Absicht wiederbelebt haben könnte. Erhaltene Beispiele der Salierzeit finden sich ansonsten vereinzelt im Westchor des Doms von Augsburg, in entsprechender Position früher ebenso in der Abteikirche St. Emmeram zu Regensburg. Darüber hinaus lassen sich im ganzen beträchtlichen Freiraum des westlichen Sanktuariums, der erst durch das 1760–65 dort aufgestellte Rokoko-Chorgestühl weitgehend ausgefüllt wurde, keinerlei ursprüngliche Einbauten für liturgische Handlungen nachweisen. Namentlich fehlen vom 13. bis 16. Jahrhundert alle Spuren von Bestattungen. Beim derzeitigen Forschungsstand noch völlig im Bereich der Spekulation verbleiben durchaus naheliegende Versuche, hier liturgisch gestaltete Staatsakte wie die Krönungen der Könige Philipp von Schwaben (1198), Friedrich II. (1212) und des Gegenkönigs Heinrich Raspe (geplant 1246) zu lokalisieren. Dann hätte man auch über eine entsprechend zielgerichtete architektonische Konzeption der in ihrem Dom an erster Stelle als Koronator in Frage kommenden Mainzer Erzbischöfe Konrad von Wittelsbach (1161–65/1183–1200) sowie Siegfried II. (1200–30) und Siegfried III. (1230–49) aus dem Adelsgeschlecht der Eppsteiner nachzudenken und eventuell intendierte Bezugnahmen zu prüfen, etwa auf den Zentralbau der Aachener Pfalzkapelle Karls des Großen als bisher üblichen Schauplatz dieser Zeremonie. Bereits zuvor zählten ja stumpfwinklig geknickte, wie ein halbiertes Sechseck wirkende Konchen mit dreiteiligen Bogengruppen zu den bevorzugt tradierten Einzelformen der architektonischen Aachen-Nachfolge, am bekanntesten im spätottonischen Westbau der Essener Damenstiftskirche.

Das ausladende, im 13. Jahrhundert allerdings bei seiner Einwölbung seitlich leicht verkürzte **Westquerschiff** war in drei etwa gleichgroße Kompartimente unterteilt durch Längsschranken unter den Vierungsbögen, deren barocke Nachfolger noch heute die Kreuzarme absondern. Die Grenze des Kapitelchores zum Langhaus bildete ein um 1240 entstandener, bereits 1681 zerstörter Hallenlettner mit geräumiger trapezförmiger Bühne. Sie war durch zwei symmetrisch angeordnete Wendeltreppen mit zierlich durchbrochenem Gehäuse zugänglich, die als übernommene Bestandteile der heutigen barocken Längsschranken („Chorketten") bewahrt blieben. Zu den liturgischen Funktionen der Lettnerempore gehörten die Verlesung von Epistel und Evangelium, auch war sie Standort für Chorsänger und Instrumentalisten, später für eine kleine Orgel. Wie bei Westlettnern (z.B. ehemals auch im Wormser Dom: siehe S. 58) üblich, gab es einen axialen Eingang aus dem Mittelschiff, da diese Position ja nicht durch den weiter östlich aufgestellten Kreuzaltar eingenommen wurde. Weit-

Mainz, Dom. *Dem „Naumburger Meister" zugeschriebene Spolien vom Mitteleingang des im 17. Jahrhundert zerstörten Westlettners (heute im Bischöflichen Dom- u. Diözesanmuseum). Im Giebelfeld über dem axialen Durchgang zum Kapitelchor befand sich eine Skulptur der „Deesis": Der thronende Weltenrichter Christus deutet auf seine entblößte Seitenwunde als Hinweis auf seinen Opfertod und die dadurch bewirkte Erlösung der Gläubigen. Er wird flankiert von den knienden Fürbittern Maria und Johannes der Täufer. Seitlich schlossen sich wie üblich die Gruppen der Seligen (exemplarisch verkörpert durch Papst, Bischof, König, Ordensleute und ein lachendes „unschuldiges Kind") auf ihrem Weg ins Paradies sowie der Verdammten (darunter ein Jude, doch auch ein Mönch) an, die ein Teufel in Ketten zur Hölle zerrt*

Mainz, Dom. Blick aus dem Mittelschiff zum Westchor mit zeichnerischer Rekonstruktion des spätstaufischen Westlettners (H.-J. Kotzur)

Gelnhausen, St. Marien. Lettner des mittleren 13. Jahrhunderts aus dem Umfeld des „Naumburger Meisters". Einziges erhaltenes Beispiel dieser Sonderform mit trapezförmigem Grundriss (zum Vergleich)

bekannt ist das erhaltene Vergleichsbeispiel des wenig jüngeren Naumburger Westlettners aus dem gleichen renommierten Werkstattkreis, von dem die Forschung Angehörige auf ihren Wegen von den Kathedralbauhütten in Reims, Noyon und Metz nach Mainz und dann weiter bis Naumburg und Meißen verfolgen konnte. Zugerechnet wird ihm auch der Lettner der Marienkirche in Gelnhausen mit ebenfalls trapezförmigem Grundriss. Diese Sonderform gab es außerdem noch in Aschaffenburg, Seligenstadt und Schotten, nach jüngsten

Mainz, Dom. Westwand des südlichen Querschiffarms mit aufwändig gestaltetem Stufenportal als Durchgang in den Trikonchos. Rechts davon in die barocken Chorschranken übernommenes Wendeltreppen-Gehäuse des frühgotischen Lettners

Mainz, Dom. Westwand des nördlichen Querschiffarms mit spitzbogigem Durchgang zum Trikonchos, hochgelegener (heute vermauerter) Pforte in Rundbogennische zum einstigen Bischofspalast sowie Nachtwächter-Erker von 1572 vor reich gerahmter spätromanischer Wandöffnung

Mainz, Dom. Querschnitt nach Westen durch Vierung, Kreuzarme und nördlich angrenzende Pfalzkapelle St. Godehard (Zustand 1886). Im Aufriss der Querschiff-Westwand südlich (links): Leichhofportal und Durchgang mit aufwändiger Rahmung in den Trikonchos; nördlich (rechts): sein schlichtes spitzbogiges Pendant, ferner die ehemals über eine Treppe zum Obergeschoss des einstigen Bischofspalastes führende Pforte in Rundbogennische (heute vermauert) sowie der Nachtwächter-Erker von 1572 vor reich gerahmter spätromanischer Wandöffnung. Die Doppelkapelle ist hier wiedergegeben nach Verlust ihres zentralen Türmchens, noch mit neuzeitlich vermauerter Gewölbeöffnung und ebenfalls modernem, inzwischen entferntem Treppeneinbau

Erkenntnissen auch im Meissner Dom. Vom Mainzer Lettner haben sich Spolien seines pflanzlichen und figürlichen Skulpturenschmucks von herausragender Qualität erhalten, die größtenteils im Dom- u. Diözesanmuseum ausgestellt werden: Besonders hervorzuheben sind eine (im Gegensatz zum Leichhofportal dramatisch bewegte) Weltgerichtsszene vom Giebel über dem mittleren Durchgang sowie der beidseitig anschließenden Brüstung, ferner der berühmte „Kopf mit der Binde" als Teil einer kontrovers gedeuteten Figur auf dem Rippenkreuz in der Wölbung des Durchgangsjochs. Ein Relief des Stadt- und Dompatrons St. Martin, der seinen Mantel mit einem Bettler teilt, gehörte wohl zu einer der Seitenschranken. Es gelangte im 18. Jahrhundert als „Bassenheimer Reiter" in die Pfarrkirche dieses Ortes bei Koblenz.

In der Vierung, sinnfällig überhöht durch die Kuppel des nach unten offenen, durchfensterten Hauptturms, befand sich in gewohnter Anordnung von zwei einander gegenüberstehenden Blöcken das Chorgestühl der Domkanoniker. Im Freiraum dazwischen (*in medio chori*) gab es zwei Lesepulte. Das höherrangige, vom Kantor und seinem Stellvertreter an Festtagen benutzte hatte die anthropomorphe Gestalt eines Diakons als Buchträger („Atzmann"), wie es aus dieser Zeit im Ostchor des Naumburger Doms erhalten blieb. Den täglich zu Konventamt und Stundengebet versammelten Mainzer Kanonikern war speziell die Memoria des Erzbischofs Aribo († 1031) anvertraut. Sein Bodengrab nahm einen axialen Ehrenplatz vor dem westlichen Vierungsbogen ein, der ihm als Wiederhersteller der 1009 eingeäscherten Kathedrale zustand. Eigentlich wäre hier ebenfalls die Grablege des

Mainz, Dom. *Sarkophag des Erzbischofs Aribo († 1031), heute im Bischöflichen Dom- und Diözesanmuseum*

Bauherren Erzbischof Willigis († 1011) zu erwarten gewesen. Er hatte jedoch angesichts noch nicht behobener Brandzerstörungen und aus persönlicher Vorliebe für die eigene Stiftsgründung St. Stefan seine dortige Beisetzung vorgezogen. Die Sicherstellung bischöflicher Jenseitsfürsorge nicht durch das zuständige Domkapitel, sondern mit Hilfe eines zu Lebzeiten besonders geförderten Stifts- oder Klosterkonvents kann man auch sonst beobachten: In Mainz sei an das Grab des 1160 ermordeten Erzbischofs Arnold von Selenhofen vor dem Hochaltar von St. Maria ad gradus erinnert.

An der Westwand des Querschiffs lassen sich heute noch interessante Differenzierungsmöglichkeiten der verschiedenen Tür- und Durchgangsöffnungen erörtern. Vom Kircheninneren nur als schlichte Rechteckpforte in einer Rundbogennische wahrzunehmen ist das einst auf den Laienfriedhof und weiter zum Alten Dom St. Johannis führende Leichhofportal im südlichen Kreuzarm. Außenseitig besitzt es hingegen in aufwändiger Rahmung aus fein gearbeitetem Rankenornament ein skulptiertes Tympanon. Dargestellt wird darauf eine erweiterte „Deesis", also der thronende Christus als Weltenrichter, flankiert von der Gottesmutter und hier beziehungsvoll Johannes dem Täufer sowie den Halbfiguren nimbierter Bischöfe. Der Vergleich mit dem etwas älteren Südportal des Wormser Doms (siehe S. 49 f.) liegt nahe. Im nördlichen Querschiffarm zeichnet sich mit innenseitig ähnlich schmuckloser Form die hochgelegene, jetzt vermauerte Sturzpforte in Rundbogenrahmung einer ehemaligen Brücke zum Obergeschoss des angrenzenden Bischofspalastes ab. Von ihrer Schwelle führte früher ein Treppenabgang in den Dom hinunter. Auffällig verschiedenartig gestaltet sind zwei symmetrische seitliche Durchlässe, die hinter den westlichen Vierungspfeilern als nachträglich konzipierte „Tunnel" (vergleichbar den französischen „Passagenkirchen" sowie ähnlichen Nachfolge-Lösungen in Ilbenstadt und Schiffenberg, nur einseitig in Werden) direkten Zugang ins Sanktuarium bieten. Früher ersparten sie den Klerikern einen Umweg über das Mittelschiff und durch das axiale Lettnerportal. Ihre zu Beginn des 13. Jahrhunderts erst verspätet erkannte Notwendigkeit lässt vermuten, dass die frühgotischen Längsschranken des *chorus* keine Seiteneingänge

Mainz, Dom. Portal in der Westwand des südlichen Querschiffarms („Leichhofportal"). Auf seinem Tympanon sind dargestellt: der thronende Christus zwischen den Fürbittern Maria und Johannes dem Täufer im Fellmantel (Patron des durch dieses Portal erreichbaren Alten Domes), seitlich die Büsten von zwei nicht sicher identifizierbaren heiligen Bischöfen (St. Martin, St. Nikolaus?)

besaßen. Dies ist u.a. auch bei den erhaltenen stauferzeitlichen Chorschranken der Abteikirchen von Brauweiler und St. Matthias zu Trier der Fall. Der nördliche, für den Erzbischof bestimmte Durchgang in den Trikonchos hat lediglich eine schmucklos spitzbogige Rahmung. In deutlichem Kontrast hierzu steht uns sein Pendant im südlichen Kreuzarm – benutzt von den aus der Memorie kommenden Kanonikern – als reichverziertes Trichterportal mit frühgotischen Gewändesäulen und kleeblattförmiger Blende im Bogenfeld vor Augen. Vielleicht darf man darin sogar eine subtile Demonstration konkurrierender Machtansprüche von Erzbischof und Domkapitel sehen. Entsprechend interpretationsfähig ist die gleichartig aufwändige Einfassung einer hochgelegenen Bogenöffnung in der Westwand des Nordquerarms. Sie wird heute zum Teil verdeckt durch den ursprünglich hölzernen, 1572 nach einem Brand in Stein erneuerten Beobachtungserker (mit Schlafkoje) des Nachtwächters. Man gelangt dorthin durch eine unbequem enge (also nur von rangniederen Personen benutzte) Wendelstiege in der Mauermasse hinter dem nordwestlichen Vierungspfeiler. Sie ist vom erwähnten nördlichen Durchgang ins Sanktuarium erreichbar, gleichfalls durch ein Außenpförtchen, und macht auch die Zwerggalerie des Trikonchos zugänglich. Also hat schon seit Fertigstellung des Westchors vor Mitte des 13. Jahrhunderts ein zum Kircheninneren repräsentativ gestalteter Beobachtungsposten bestanden, wie er in entsprechender Position ebenfalls in den Domen von Worms und Speyer begegnet (siehe S. 54, 90). Er kam neben alltäglichen Überwachungsmaßnahmen auch für anspruchsvollere Aufgaben in Frage. So wäre in Mainz an eine Bedienung von im Vierungsturm hängenden Glocken zu denken, deren zeitlich exaktes Läuten z.B. im Moment der *elevatio* (wenn der Priester nach der Wandlung die konsekrierte Hostie hochhebt) direkten Augenkontakt zum Leiter der Liturgie (dem Kantor an seinem Platz im Chorgestühl) erforderlich machte. Vor-

Mainz, Dom. *Portal des nördlichen Seitenschiffs ("Marktportal") mit der Bronzetür des Erzbischofs Willigis († 1011). Die Oberfläche ihrer beiden links 1500 kg, rechts 1850 kg schweren Flügel wird durch profilierte Rahmungen in vier hochrechteckige Felder unterteilt. Auf den drei horizontalen Leisten verläuft die ursprüngliche Stifterinschrift. Über die beiden oberen Felder erstreckt sich eine sekundär um 1135 eingravierte weitere Inschrift mit dem Wortlaut des Privilegs, das Erzbischof Adalbert I. von Saarbrücken († 1137) nach seiner den Mainzer Bürgern verdankten Befreiung aus der von Kaiser Heinrich V. über ihn verhängten Gefangenschaft der Stadt gewährte. In dem nicht weniger als 41 Zeilen umfassenden Text wird ausführlich die Härte der Inhaftierung Adalberts auf der Reichsburg Trifels geschildert und den Einwohnern das Vorrecht verliehen, außerhalb der Stadtmauern keiner fremden Gerichtsbarkeit oder Besteuerung eines Vogtes unterworfen zu sein. Das Tympanon zeigt Christus thronend in einer von zwei Engeln gehaltenen Mandorla. Wie beim Leichhofportal erscheint über seinem Haupt die Taube des Heiligen Geistes mit der Hostie im Schnabel. Die vertikale Achse setzt sich nach oben fort zum Scheitelstein der äußeren Bogenrahmung. Er trägt als Zeit- und Lebenssymbol, das Alter mit Jugend verbindet, einen gekrönten Kopf mit halbiertem Bart. Auf den Kämpfern der Gewändesäulen (ursprünglich beide mit Schäften aus dunklem Schiefer) liegen brüllende Löwen, die in apotropäischer Spiegelung Mächte der Finsternis vom Gotteshaus fernhalten sollten. Die gleiche Unheil bannende Aufgabe erfüllten Blattmasken im umlaufenden Palmettenfries*

Mainz, Dom. *Marktportal, Bronzetür des Erzbischofs Willigis († 1011). Umzeichnung der Inschrift des Auftraggebers: POSTQVA[M] MAGNV[S] IMP[ERATOR] KAROLVS / SVV[M] ESSE IVRI DEDIT NATVRAE / WILLIGISVS ARCHIEP[ISCOPV]S EX METALLI SPECIE / VALVAS EFFECERAT PRIMVS / BERENGERVS HVIVS OPERIS ARTIFEX LECTOR / VT P[RO] EO D[EV]M ROGES POSTVLAT SVPPLEX (Sinngemäß: Nach dem Tode des großen Kaisers Karl hat Erzbischof Willigis erstmals wieder Türflügel aus Metall anfertigen lassen. Meister Berenger, der dieses Werk vollbrachte, bittet den Leser, er möge für ihn zu Gott beten)*

Mainz, Dom. *Marktportal, Bronzetür des Erzbischofs Willigis († 1011): Ausschnitt mit Inschrift (Namensnennung des Auftraggebers auf der mittleren Querleiste) und apotropäischem Löwenkopf-Türzieher*

stellbar erscheint von hier aus auch die musikalische Begleitung eines zeremoniellen Einzugs durch die hochgelegene Tür des Bischofspalastes, das Querschiffportal aus der Pfalzkapelle oder das Marktportal, ferner die Anbringung von Fahnen oder Teppichen als Festdekoration. Der in nachmittelalterlicher Zeit offenbar überwiegende Sicherheitsaspekt ist aber auch schon für die staufische Epoche in Rechnung zu stellen. So liegt eine Nachricht von 1228 vor, wonach Hilfsküster im Dom übernachten mussten und sogar freilaufende scharfe Hunde zur Abschreckung von Einbrechern eingesetzt wurden.

Mit seinem basilikalen **Kirchenschiff** von fast 60 m Länge übertraf der Willigis-Bardo-Dom selbst den romanischen Alten Dom von Köln. Im ursprünglich flachgedeckten Mainzer Langhaus erfolgte in den 1130er Jahren ein vollständiger Umbau der Seitenschiffe zeitgleich mit Errichtung der Pfalzkapelle, doch wurden damals geplante Gewölbe zunächst nicht ausgeführt. Erst Ende des 12. Jahrhunderts vollzog man die Einwölbung, bald darauf erhielt auch das Mittelschiff moderne Kreuzrippengewölbe. Gleichzeitig kam es zur Erneuerung des jetzt mit gestuften Gewänden und eingestellten Säulen repräsentativer gestalteten Marktportals. Das Tympanon zeigt nochmals den Weltenherrscher Christus auf seinem Thron: hier in einer Mandorla, die von zwei Engeln gehalten wird. Die erhobene Segens- und Schwurhand des Gottessohnes und der unter seinem Fuß niedergedrückte Drache als Verkörperung des besiegten Bösen verdeutlichen den triumphalen Charakter des stadtseitigen Haupteingangs. Als magische Schwelle des Gotteshauses wurde er vor allem bei festlichen Einzügen (*adventus*) hochgestellter Besucher seiner Schutzfunktion und zeremoniellen Aufgabe gerecht. Höchstwahrscheinlich bereits ursprünglich war das Nordportal zudem mit den berühmten bronzenen Türflügeln ausgestattet. Sie haben beträchtliche Abmessungen (Höhe 370 cm, Breite jeweils ca. 100 cm) und sind nach dem Wachsausschmelzverfahren in einem Stück gegossen. Diese technologisch-handwerkliche Meisterleistung wurde nur noch übertroffen von den wenige Jahre darauf entstandenen, mit plastischem Figurenschmuck überzogenen Bronzetüren des bekannten Hildesheimer Bischofs Bernward (993–1022). In Mainz hat einer eingravierten Widmungsinschrift zufolge Erzbischof Willigis zweifellos absichtsvoll den Auftrag zum Guss erteilt. Man will hierin eine Anspielung auf das vom ranghöchsten Metropoliten gegen konkurrierende Ansprüche seines Kölner Kollegen verteidigte Recht der deutschen Herrscherkrönung erkennen. Die möglicherweise damit gemeinte Bezugnahme auf Bronzeportale am traditionellen Krönungsort der Aachener Pfalzkapelle scheint jedoch vornehmlich berufliche Fertigkeiten des namentlich genannten Mainzer Gießmeisters zu rühmen, die nun erstmalig seit dem Tod Karls des Großen wieder zur Anwendung kamen. Denn ungeachtet seiner vergleichsweise bescheidenen sozialen Stellung wurde dem vielleicht aus Norditalien gebürtigen Künstler (*artifex*) das sonst auf Prälaten und vermögende Stifter beschränkte Vorrecht eingeräumt, alle Kirchenbesucher direkt um Gebete für sein Seelenheil bitten zu können. Eindeutig in ihrer Intention wirkt dann jedenfalls die spätere Vereinnahmung der ehrwürdigen Türflügel durch Erzbischof Adalbert I. von Saarbrücken (1111–1137), gewissermaßen von seiner unmittelbar benachbarten Grablege ausgehend. Das von ihm gewährte Stadtprivileg, ausgestellt bereits zwischen 1118 und 1122 zum Dank für seine durch die Mainzer Bürger erwirkte Freilassung aus der Gefangenschaft Kaiser Heinrichs V., wurde nämlich 1135 wohl in Zusammenhang mit dem Bau der Pfalzkapelle erneuert. Die darin enthaltenen Bestimmungen machte man noch kurz vor dem Tode des Metropoliten zunächst wie ein monumentales Dokument seines persönlichen Andenkens direkt auf der Metalloberfläche allgemein kenntlich, erst anschließend kam es zur Ausfertigung einer archivierten Pergamenturkunde. Naheliegend ist der Vergleich mit dem eigenen Erlass Heinrichs V. von 1111 zugunsten der Bürger von Speyer, ehemals am Westbau ihrer Kathedrale angebracht (siehe S. 91 ff.). Gleiches gilt für ein in Bronzeletttern gegossenes Privileg Kaiser Friedrich Barbarossas von 1184 über dem nördlichen Seitenschiffsportal des Wormser Doms, das ebenfalls zum Platz vor der dortigen Pfalz gerichtet war (siehe S. 51). Erst 1274 ist ein Wechsel der Mainzer Türflügel zu einem marktseitigen Nebenportal von St. Mariengraden erfolgt. Dies geschah anlässlich des Baubeginns der gotischen Langhauskapellen auf der Nordseite des Doms, weshalb offenbar sogar vorübergehend eine gänzliche Aufgabe des Marktportals erwogen wurde. Zur Rückkehr an ihren ursprünglichen Platz kam es dann 1804 wegen des Abbruchs der nach einem Brand 1285–1311 neugebauten Marienkirche.

Vor dem ältesten, wohl im östlichen Mittelschiff anzunehmenden Kreuzaltar befand sich die Grablege des Erzbischofs Bardo († 1051). Dies dürfte der ursprünglichen Position des ottonischen Gero-

Mainz, Dom. *Doppelarkade des südlichen Hochraumes im Ostquerbau (vor Einbau der Orgelprospekte)*

Mainz, Dom. *Blick in den Ostchor. Davor im Gewölbe des ersten Mittelschiff-Jochs ringförmiger Schlussstein mit reich skulptierter Einfassung über dem ursprünglichen Aufstellungsort (?) des Kreuzaltars*

Mainz, Dom. *Ostchor: Seitenwand mit Arkadenöffnung ins nördliche Nebenschiff und heute vermauerter Tür zur Sakristei und Schatzkammer im ersten Obergeschoss des angrenzenden Querflügels, darüber Doppelarkade des Hochraumes im zweiten Obergeschoss (heute durch Orgeleinbauten verstellt)*

Mainz, Dom. *Längsschnitt durch die Ostteile mit 1871–79 wiedererrichteter Krypta*

Kreuzes und dem Bodengrab des namengebenden Erzbischofs († 976) im romanischen Alten Dom zu Köln entsprochen haben. In Bardos Amtszeit gelangte die Wiederherstellung des von seinem Vorgänger Willigis begonnenen Mainzer Doms zum Abschluss. Seiner Memoria lag demnach eine offenbar freiwillige Rangminderung zugrunde, weil sie nicht in erster Linie dem für Bauherren eigentlich zuständigen Domkapitel, sondern auch der im Langhaus zutrittsberechtigten Öffentlichkeit anvertraut war. Ähnliche Regelungen kennen wir hinsichtlich der Wahl seines Bestattungsortes durch den Kölner Erzbischof Anno († 1074) in der Abteikirche von Siegburg. Ebenso verdient hier das Totengedächtnis Kaiser Heinrichs IV. in Speyer durch die Stadtbevölkerung Erwähnung (siehe S. 91 f.). Kreuzaltäre waren allerdings ohnehin der traditionelle Ort von Seelenmessen. Im Mainzer Dom erinnert an seinen ursprünglichen Standort noch die darüber befindliche kreisförmige Gewölbeöffnung mit reichverzierter Einfassung im ersten Mittelschiffjoch. Sie diente sicherlich nicht allein praktischen Zwecken wie dem Materialtransport zum Dachstuhl, sondern fand vielleicht auch für dramatische Elemente liturgischer Feiern Verwendung, wie sie (etwa zu Christi Himmelfahrt oder Pfingsten) z.B. im Speyerer Dom überliefert sind (siehe S. 81). Als temporäres Triumphkreuz beim Kreuzaltar verwendete man das von Erzbischof Willigis gestiftete, nur an Festtagen unter besonderen Sicherheitsvorkehrungen aus der Schatzkammer hierher verbrachte massivgoldene Benna-Kreuz. Spätere Nachfolger im Bischofsamt haben es im Verlauf des 12. Jahrhunderts stückweise zur Gewinnung von Geldmitteln einschmelzen lassen. In der Folgezeit wurde der Kreuzaltar in den Ostchor verlegt, seitdem im frühen 15. Jahrhundert die ursprünglich zweigeschossige Nassauer Kapelle seinen angestammten Platz einnahm.

Die **Ostteile** des Mainzer Doms haben vom Willigis-Bardo-Bau und seiner salischen Erneuerung unter Kaiser Heinrich IV. am meisten originale Mauersubstanz bewahrt. Sie bestehen aus einem schmalen Querriegel in Langhausbreite, vor dessen Stirnseiten runde Treppentürme zur Erschließung seiner Obergeschosse angeordnet sind. Seitliche Ausgänge führen nach Osten ins einstige Atrium vor St. Maria ad gradus. Es handelt sich um besonders frühe Beispiele für kastenförmig gerahmte Säulenstufenportale mit qualitativ hochstehender vegetabiler und figürlicher Bauzier, die vom Herrscher angeworbenen lombardischen Steinmetzen zugeschrieben wird. Das Sanktuarium eines östlichen Gegenchores war anfangs wahrscheinlich in den turmähnlichen Mittelteil des Querriegels einbezogen, und zwar mit zunächst gerader Front und erst nachträglich angefügter Ostapsis. Am salischen Augsburger Dom ist eine entsprechende Entwicklung ablesbar. Ob die apsidiale Chorerweiterung in Mainz bereits gegen Mitte des 11. Jahrhunderts geschah oder ermöglicht durch finanzielle Zuwendungen Heinrichs IV. nach Speyerer Vorbild um 1100, bleibt ungewiss. Jedenfalls entstanden damals eine östliche dreischiffige Hallenkrypta und ein mittlerer Chor-

Mainz, Dom. Südliches Portal des Ostquerbaus mit figürlichen Kapitellen (Widder zwischen Löwen und Greif, Schwertkämpfer und Löwe)

Mainz, Dom. Ansicht von Osten, aus dem ehemaligen Atrium zwischen der Bischofskirche und St. Maria ad gradus

Mainz, Dom. *Frühgotische Atlantenskulptur aus dem baulichen Zusammenhang der ehemaligen Schranke des Ostchores (heute im Bischöflichen Dom- u. Diözesanmuseum)*

turm. Der Hochaltar des entsprechend podiumartig erhöhten östlichen Sanktuariums war dem Erzmärtyrer Stephanus geweiht. Seit dem 11. Jahrhundert bezeugt ist ferner ein Marienaltar, den man später in der Position traditioneller Kreuzaltäre vor einer Querschranke nachweisen kann. Noch auf dem 1435/45 zur statischen Sicherung des spätmittelalterlich erhöhten Ostturmes eingefügten Stützpfeiler (wieder entfernt 1871) fanden sich in der Art eines Retabels entsprechende gotische Malereireste. Die Aufgabe der Ostkrypta und eine Vergrößerung der Apsisfenster erfolgte erst im frühen 13. Jahrhundert und nicht bereits hundert Jahre zuvor, wie man aus der im Füllschutt aufgefundenen Bestattung des 1122 verstorbenen Dompropstes Anselm schließen wollte. Davon zeugt nicht zuletzt eine bemerkenswerte frühgotische Atlantenfigur, nach Reimser Vorbildern wiederum von der Hand des „Naumburger Meisters" stammend (heute im Dom- u. Diözesanmuseum). Sie diente als Träger einer seitlichen Wandvorlage, die durch den Kryptenabbruch ihre Substruktion verloren hatte. Ein Zusammenhang besteht mit der bereits im Westchor bemerkten Angleichung an ein annähernd einheitliches Laufniveau im Kircheninneren. 1871–79 wurde die Krypta nach vorgefundenen Resten mit etwas niedrigerer Gewölbehöhe rekonstruiert. Welchen Titel hatte der ursprüngliche Kryptenaltar, und wohin wurde er bei ihrer Auflassung übertragen? Hier ist die Forschung noch nicht zu plausiblen Erkenntnissen gelangt. Dem östlichen Hochaltar zugeordnet waren zwei feuersicher gewölbte, über den Ostausgängen hochgelegene Schatzkammern und Sakristeien. Sie besitzen nur Schlitzfenster nach außen und gewähren keinen Einblick in den Ostchor. Ihr Zugang erfolgte früher ausschließlich von dessen Sanktuarium über (nach der Kryptenauflassung zwischenzeitlich höher hinaufreichende) seitliche Treppen. Die zugehörigen Türen sind jedoch heute vermauert, stattdessen wurden von den Wendeltreppen der salischen Rundtürme aus neuzeitliche Durchbrüche angelegt. Solche paarweise hochgelegenen *sacraria* sind u.a. vergleichbar mit Turmräumen von St. Gereon in Köln. Ihre Anordnung über Durchgängen zwecks Ausstrahlung von Segenswirkung der hier verwahrten Heiltümer auf darunter hindurchgehende Personen findet sich ebenfalls am Westchor der Hildesheimer Michaeliskirche, in Reichenau-Mittelzell und Nivelles. Monumentale Treppentürme in charakteristischer Position vor den Stirnseiten eines Querbaus gibt es ähnlich wiederum in St. Michael zu Hildesheim, Maria Laach und der Maastrichter Liebfrauenkirche. In Mainz haben sie großzügige Abmessungen und weisen bequeme Stufen für zeremoniöses Emporschreiten hochrangiger Personen auf (anders als bei der beengten Wendeltreppe auf der Nordseite des Trikonchos). So erreicht man symmetrisch angelegte seitliche Hochräume im zweiten Obergeschoss mit jeweils fein profilierten Doppelarkaden zum Kircheninneren, heute leider durch Orgeleinbauten verstellt. Als frühere Nutzung wären Reliquienweisungen oder auch die Aufstellung von Chorsängern in Erwägung zu ziehen. Dass von diesen Räumen gleichfalls die Zwerggalerie der Ostapsis erschlossen wird, kann als zusätzliches Argument für eine temporäre Exposition von Heiltümern dienen, die man an bestimmten Festtagen im Atrium vor St. Mariengraden versammelten Gläubigen hätte zeigen können. Verwiesen sei auf eine durch historische Bildquellen gut bezeugte mögliche Analogie in der Stiftskirche von St. Servatius zu Maastricht, wo die Zwerggalerie der um 1160 entstandenen Ostapsis ebenso auf einen großen Versammlungsplatz von Stadtbürgern und Pilgern gerichtet ist.

Vor dem östlichen Hochaltar des Mainzer Doms befand sich ein zweites Chorgestühl, welches von den Kanonikern an bestimmten Festtagen wechselweise aufgesucht wurde. Das entspricht den hochmittelalterlichen Verhältnissen in den Domen von Köln, Bamberg und Naumburg, steht aber in Gegensatz zu „minderrangigem" Gestühl in den Gegenchören der Kathedralen von Worms (siehe S. 58) und Paderborn. Dort fand vornehmlich der Memorialdienst an den Gräbern entsprechend ausgezeichneter Bischöfe statt, verrichtet durch untergeordnete Kleriker. Der Mainzer Gegenchor wandelte sich hingegen seit dem Ende der Stauferzeit wie im Paderborner Dom zum eigentlichen „Pfarrchor", was bald die optische Durchlässigkeit seiner Abschrankung nach sich zog. Sie wurde durch Metallgitter ersetzt, weshalb für ihn die Bezeichnung *chorus ferreus* („Eiserner Chor") aufkam. Bezeichnenderweise nimmt hier auch eine Reihe jüngerer Bischofsgräber ihren chronologischen Ausgang. Sie begann vielleicht schon mit Erzbischof Konrad von Wittelsbach († 1200) und setzte sich fort mit der durch eine berühmte szenische Reliefskulptur geschmückten Tumba des Erzbischofs Siegfried III. von Eppstein († 1249). Als Vollender des Westchores hätte er ebenso dort seine letzte Ruhe finden und dann der unmittelbaren Gebetsfürsorge des Domkapitels teilhaftig werden können. Vielleicht wurde aber mehr Wert auf die politische Propagandawirkung seiner Grabplatte mit einer bildlichen Erinnerung an die von ihm maßgeblich unterstützte Wahl zweier antistaufischer Gegenkönige gelegt. Diese Inszenierung sollte wohl in erster Linie einer breiten Öffentlichkeit und somit vor allem Kirchenbesuchern aus dem Laienstand zugänglich sein. Derartig absichtsvolle Lokalisierung und Gestaltung lassen

Mainz, Dom. Skulptierte Grabplatte des Erzbischofs Siegfried III. von Eppstein († 1249) in Pontifikalgewändern und mit den Insignien seines Amtes (Albe, Kasel, Pallium, Handschuhe, Bischofsring, Mitra, Krummstab). Ursprünglich auf seiner Tumba im Ostchor („chorus ferreus") liegend, seit 1865 senkrecht am ersten Mittelschiff-Pfeiler der Südseite angebracht. Bildmotiv ist die von diesem Mainzer Metropoliten tatsächlich zwar entscheidend geförderte, doch nicht in seinem Dom vollzogene Krönung der antistaufischen Gegenkönige Heinrich Raspe († 1247, links) und Wilhelm von Holland († 1259, rechts)

sich bereits im späten 11. Jahrhundert am Grabdenkmal des Heinrich IV. unterlegenen Gegenkönigs Rudolf von Rheinfelden im Merseburger Dom beobachten.

Worms, Dom St. Peter mit der ehemaligen Tauf- und Pfarrkirche St. Johannes Baptist

Die Topographie der mittelalterlichen Wormser Domimmunität auf einem flachen Hügel am Westrand der spätestens seit Beginn des 11. Jahrhunderts mauerumgebenen Stadt ähnelte in vielen Zügen dem historischen Umfeld der Kathedrale im Nachbarbistum Mainz. Den Kernbereich bildete hier ebenfalls eine doppelchörige Bischofskirche, deren kultischer Schwerpunkt sich jedoch immer in den Ostteilen befand. Dementsprechend war ihnen auch seit einer karolingischen Erweiterung das Querschiff zugeordnet. Ebenfalls wie in Mainz geht die definitive Grundrisskonzeption der Wormser Basilika auf einen Bauherrn der ausgehenden Ottonenzeit zurück: Burchard I.

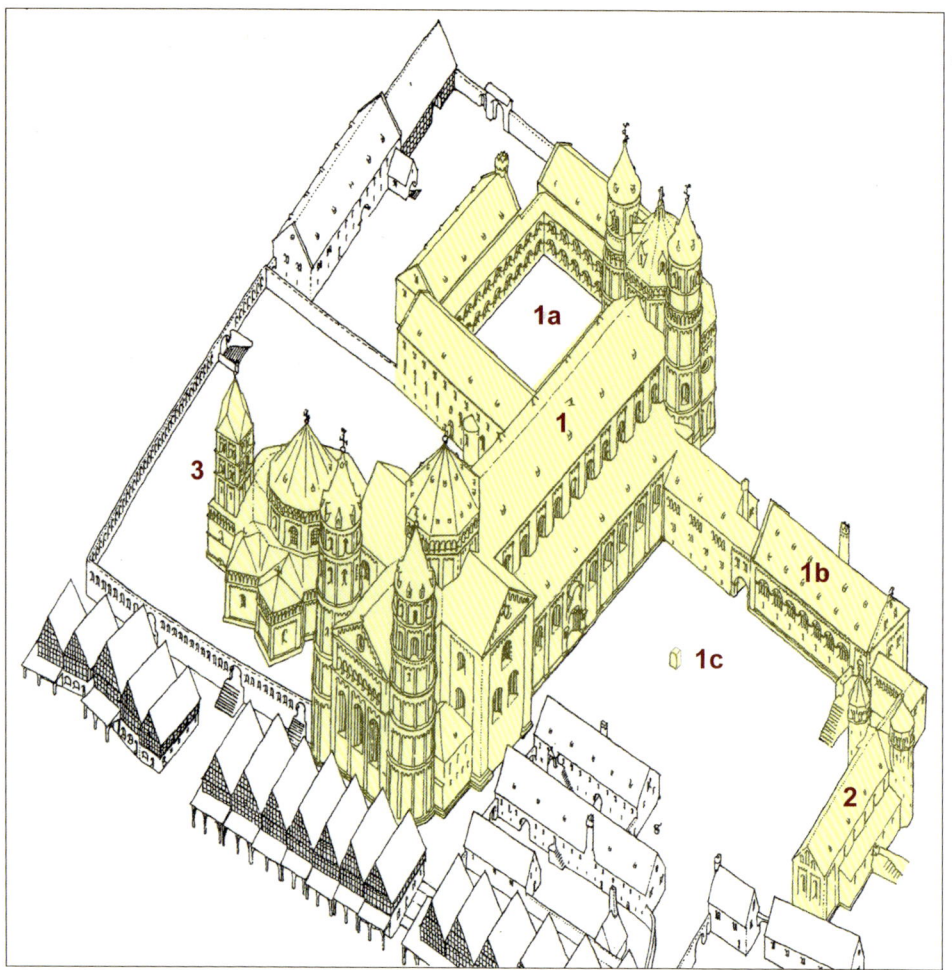

Worms, Dom. *Zeichnerische Idealrekonstruktion der Domimmunität im mittleren 13. Jahrhundert (Vogelschau von Nordosten). Farbig unterlegt: 1. Dom St. Peter 1 a. Domklausur 1 b. Königs- u. Bischofspfalz mit Außentreppe („Saalstiege") zum östlich davor gelegenen städtischen Versammlungsplatz („Freithof") 1 c. Rechtsmal „Blutstein" (lapis sanguinis) auf dem Freithof 2. Pfalzkapelle St. Stefan 3. Tauf- und Pfarrkirche St. Johannes Baptist*

(1000–1025) kann als hervorragendster Inhaber des Bischofsstuhls der Stadt im Mittelalter gelten. Wenige Jahre nach seiner Ernennung begann er einen vergrößernden Neubau des vorromanischen Doms, der nun bereits annähernd die heutigen Umrisslinien aufwies. Eine vorgezogene Weihe erfolgte 1018 auf Wunsch von Kaiser Heinrich II., die bauliche Vollendung nach Reparatur eines Teileinsturzes schließlich um 1022. Seither wird das Erscheinungsbild des Gotteshauses geprägt durch die zweipolige Gruppierung von flankierenden Rundturmpaaren an den beiden einander gegenüberliegenden Chören. Der nahezu vollständige Neubau des 12. Jahrhunderts hielt sich weitgehend an diese Vorgaben. Nur im Westen reicht der neue Gegenchor über die einfache Halbkreisapsis Bischof Burchards hinaus. Nach jüngsten Beobachtungen der architekturgeschichtlichen Forschung könnten die Baumaßnahmen bereits kurz nach der Jahrhundertwende eingesetzt und 1110 zu einer Neuweihe des östlichen Hochaltars St. Peter geführt haben. Im Anschluss daran zog sich die Fertigstellung der Ostteile mit Querhaus und oktogonalem Vierungsturm infolge längerer Arbeitsunterbrechungen bis etwa 1140 hin. Erst gegen Ende dieses Bauabschnitts scheint man

Worms, Dom. *Ansicht seiner Ostteile von Nordosten. Im Winkel von Sanktuarium und Querschiffarm die im Kern noch dem 11. Jahrhundert angehörende Sakristei und Schatzkammer („Silberkammer"). Am nördlichen Seitenschiff erkennt man die im 15. Jahrhundert daran angebaute St. Ägidien- (jetzt Marien-) Kapelle, das Portal mit dem Barbarossa-Privileg und die Abbruchspuren der Pfalz*

*1) **Worms, Dom.** Schematische Rekonstruktionspläne des Zustandes Mitte 13. Jahrhundert*

Rechte Seite: Erdgeschossgrundriss, darüber Längsschnitt. Linke Seite: in der Vignette Grundriss-Ausschnitt der Westteile in Obergeschosshöhe der Klausurgebäude

Altäre: a. Hochaltar: St. Peter b. im nördlichen Querschiffarm: St. Martin c. im südlichen Querschiffarm: St. Nikolaus d. Hl. Kreuz e. im Westchor: St. Laurentius f. in der Sakristei: Hl. Kreuz u. Maria g. in der Kapelle am östlichen Kreuzgangflügel: St. Nikolaus g. in der Tauf- und Pfarrkirche: h. St. Johannes Baptist i, k. Patrozinien unbekannt; in der unter dem Dekagon gelegenen Krypta weitere Altäre, einer davon mit im 13. Jahrhundert bezeugtem Weihetitel SS. Simon u. Juda

Grablegen: 1. Bischof Heinrich II. von Saarbrücken († 1234) 2. Bischof Heinrich I. († 1195) 3. Saliergräber vor dem Kreuzaltar, acht Vorfahren und Angehörige des im Speyerer Dom bestatteten Begründers der Dynastie Kaiser Konrad II.: sein Urgroßvater Herzog Konrad der Rote von Lothringen († 955), seine Großmutter Judith, Herzogin von Kärnten († 991), sein Vater Heinrich, Graf im Speyergau († 991), sein Oheim Herzog Konrad I. von Kärnten († 1011) und dessen Gemahlin Mathilde († 1032), seine Schwester Judith († 998), seine Tochter Mathilde († 1034, hierher überführt vor 1046), sein Vetter Herzog Konrad II. von Kärnten († 1039). Hier ruht außerdem ein Wormser Bischof: nicht wie bisher angenommen der direkte Burchard-Nachfolger Azecho († 1044) als Verwandter der Salier, sondern wahrscheinlich Richard von Daun († 1257) 4. Bischof Burchard I. († 1025) 5. Bischof Konrad II. von Sternberg († 1192) 6. wahrscheinlich Bischof Konrad I. von Steinbach († 1171) 7. Bischöfe des 9./10. Jahrhunderts (?), zu Beginn des 11. Jahrhunderts im südlichen Seitenschiff des Burchard-Doms neu beigesetzt

Ortsangaben/Ausstattung: 8. Relief der hl. Juliana im östlichen Sanktuarium 9. Wandgemälde des hl. Christophorus im nördlichen Querschiffarm 10. Königs- u. Bischofspfalz 11. Passage vom Obergeschoss der Pfalz in den Dom, mit Fenster zum nördlichen Seitenschiff 12. Portal des nördlichen Seitenschiffs zum städtischen Versammlungsplatz („Freithof") vor der Pfalz, mit außenseitig angebrachter Inschrift des 1184 von Kaiser Friedrich Barbarossa erteilten Stadtprivilegs 13. Gotisch erneuertes Portal ins südliche Seitenschiff, das romanische Tympanon heute innenseitig über seinem Windfang sichtbar 14. Gotische Annenkapelle, im Inneren Spolien des romanischen Süd-Seitenschiffportals vermauert

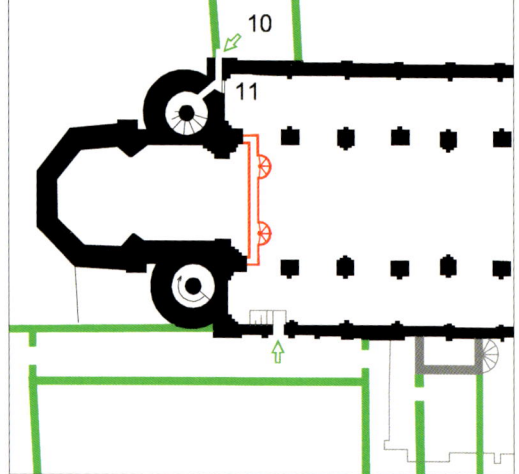

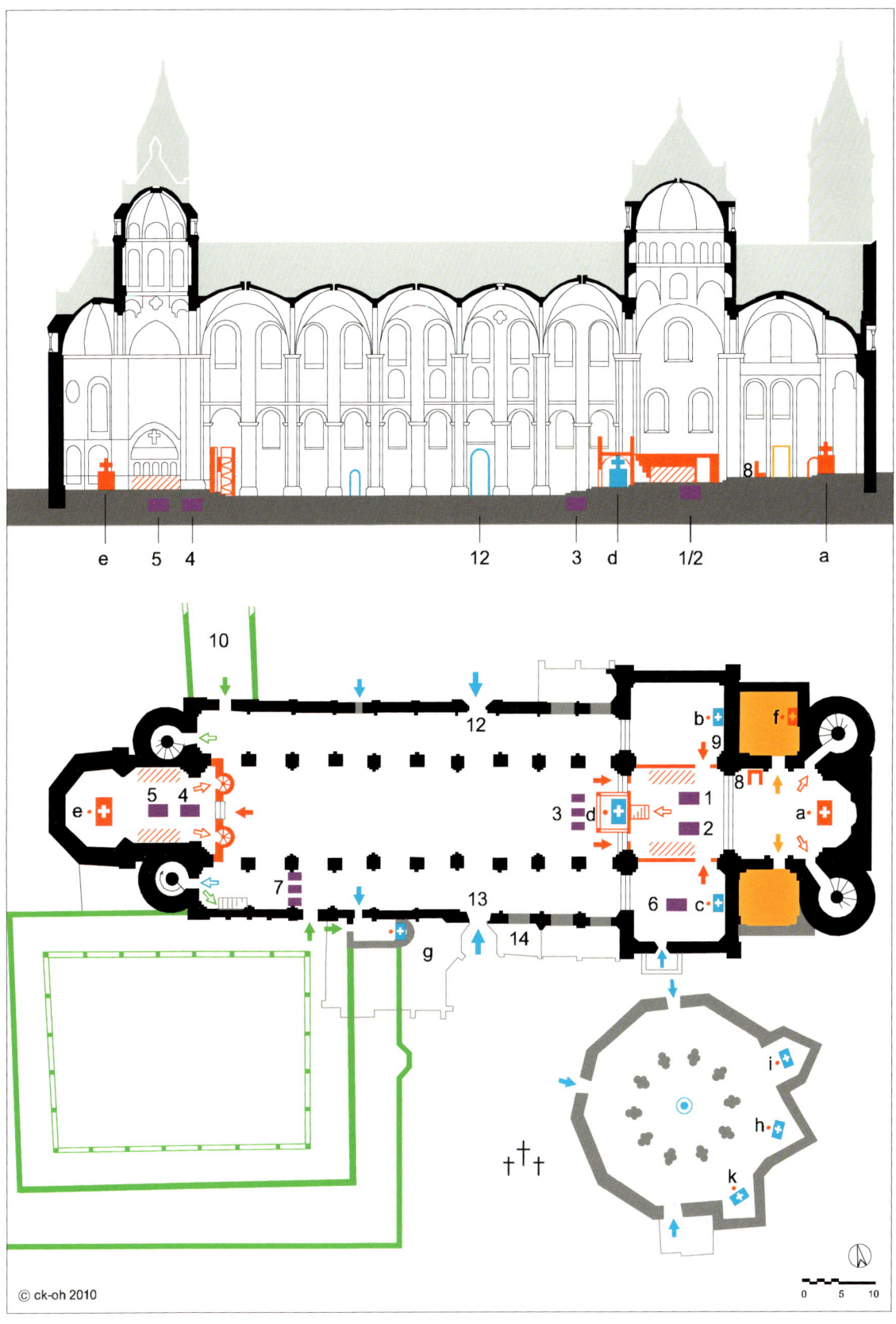

im Zuge einer Planänderung die östliche Hauptapsis rechteckig ummantelt und zur großzügig mit Skulpturen dekorierten stadtseitigen Schaufassade ausgestaltet zu haben. Unter Bischof Konrad I. (1149–71) entstand das im gebundenen System gewölbte basilikale Langhaus bis zu den westlichen Rundtürmen des Burchard-Doms, deren Untergeschosse in den Neubau übernommen wurden. Den vorläufigen Abschluss (abgesehen von einer wenig jüngeren Aufstockung der Osttürme) und zugleich architektonischen Höhepunkt der staufischen Domerneuerung bildete der 1181 während der Amtszeit seines Nachfolgers Konrad II. (1172–92) wahrscheinlich im Beisein Kaiser Friedrich Barbarossas rekonsekrierte vergrößerte Westchor.

Die **Königs- und Bischofspfalz** stieß im rechten Winkel auf der Nordseite an das westliche Ende des Langhauses und folgte damit weitgehend dem Bamberger Vorbild des frühen 11. Jahrhunderts. Doch auch ein Vergleich mit Mainz und Speyer macht Parallelen deutlich (siehe S. 16 f., 68 ff.). Im Katastrophenjahr 1689 des Pfälzischen Erbfolgekrieges wurde der romanische, im Spätmittelalter bereits teilweise erneuerte und um einen nördlichen Querbau erweiterte Palast zerstört. Später ersetzte ihn eine etwas weiter westlich gelegene barocke Bischofsresidenz, die ihrerseits unter der französischen Herrschaft in den Jahren nach 1797 zugrunde ging. Heute stehen auf dem Gelände restaurierte Teile einer im 19. Jahrhundert errichteten Stadtvilla (Heylshof). Wie alte Pläne und Beschreibungen sowie spärliche archäologische Befunde erkennen lassen, bestand die Pfalz zumindest seit ihrem Neubau nach einer Zerstörung 1124 aus zwei mehrgeschossigen längsrechteckigen Saalbauten unterschiedlicher Breite, verbunden durch ein mittleres Torhaus. Der größere nördliche Trakt (*Aula maior*) besaß eine nach Osten zum öffentlichen Versammlungsplatz „Freithof" hinabführende monumentale Außentreppe.

Worms, Dom. Ansicht der Westteile von Süden mit Abbruchspuren romanischer Klausurbauten in der südlichen Seitenschiffwand. Der Eingang in den Dom befand sich im nordöstlichen Kreuzgang-Eckjoch. Eine hochgelegene Tür führte vom Obergeschoss des kirchseitigen Kreuzgangflügels über eine Treppe hinab ins südliche Nebenschiff. Die gotische Nikolauskapelle, ehemals Bestandteil des Osttraktes der Klausur, nimmt den Platz eines kleineren romanischen Vorgängers ein

Sie spielte der historischen Überlieferung zufolge als „Saalstiege" eine bedeutende Rolle bei hoheitlichen Akten des Stadtherrn und allen durch die Domglocken erfolgenden Einberufungen der Bürgerschaft (*convocato populo per campanam*) zu Huldigungen, Wahlen städtischer Amtsträger, öffentlichen Beratungen und Gerichtsverhandlungen. Auf dem Platz befand sich ferner ein Rechtsmal in Form eines Steinpfostens, dessen Bezeichnung *lapis sanguinis* (Blutstein) auf die bischöfliche Hochgerichtsbarkeit Bezug nahm und an entsprechende topographische Verhältnisse u.a. beim Kölner Dom und vor dem Essener Frauenstift denken lässt. Wiederum rechtwinklig umbiegend bildete die durch einen abgeknickten Verbindungsgang erreichbare, 1055 geweihte Pfalzkapelle St. Stefan den nördlichen Abschluss der Bautengruppe. Ihre Fundamente wurden teilweise ergraben und sichtbar belassen. Es handelte sich um eine kleinere dreischiffige Basilika mit eingezogenem Rechteckchor und zwei oktogonalen Westtürmen. Lage und Bautypus ermöglichen einen selektiven Vergleich mit der Kaiserpfalz Goslar, ihrer salischen Palastaula und einer wohl etwas jüngeren Liebfrauenkirche. Im südlichen Wormser Pfalzgebäude (*Aula minor*) gab es ähnlich wie in Speyer zusätzlich eine private Hauskapelle mit dem Weihetitel St. Walburgis. Die Abbruchspuren seiner einst direkt dem Dom angefügten Schmalseite sieht man heute noch außen am Westende des nördlichen Seitenschiffs. Auf die von seinem Erd- und Obergeschoss unmittelbar ins Kircheninnere führenden Türen ist später zurückzukommen.

Traditionsgemäß befanden sich die Gebäude der **Klausur** auf der gegenüberliegenden Südseite des Domes. Allerdings war ihr längsrechteckiges Geviert deutlich nach Westen verschoben, überflügelte daher den polygonalen Gegenchor beträchtlich und ließ die östliche Hälfte des Langhauses frei. Spuren in der Außenwand des südlichen Seitenschiffs machen deutlich, dass man die Anlage gleichzeitig mit dem zweiten Bauabschnitt der staufischen Kathedrale im 3. Viertel des 12. Jahrhunderts einheitlich geplant und errichtet hat. Sie wurde ab 1484 in spätgotischen Formen erneuert und nach Brandzerstörung 1813 in den darauffolgenden Jahren abgerissen. Wie dem Quaderwerk der Seitenschiffswand angearbeitete Blendarkaden und Gewölbeansätze erkennen lassen, besaß der kirchseitige Kreuzgangflügel ungewöhnlicherweise sogar zwei romanische Obergeschosse. Sonst war die betreffende Galerie bei Klausuranlagen aus hochmittelalterlicher Zeit nur selten überbaut, so z.B. im Magdeburger Liebfrauenstift. Auf der mittleren Ebene führte eine hochgelegene Tür ins Innere des Domes, weshalb dort früher ein entsprechender Treppenabgang existierte. Das ebenerdige Domportal zum Kreuzgang mündete in dessen nordöstliches Eckjoch. Dort bog ehemals der östliche Klausurtrakt im rechten Winkel nach Süden ab. Er erstreckte sich jedoch nicht ganz bis zum Seitenschiff, sondern nahm Rücksicht auf die hier gelegene salische Nikolauskapelle. Ihre Weiheinschrift von 1058 blieb erhalten und wurde in einen erheblich größeren gotischen Nachfolgebau übertragen, der von etwa 1280 bis 1315 entstand. Bereits das kleine einschiffige Oratorium des mittleren 11. Jahrhunderts mit östlich vortretender Apsis – ursprünglich ein Annex des Burchard-Domes – muss durch seine Höhenentwicklung verhindert haben, dass man vom Dormitorium im angrenzenden Obergeschoss des stauferzeitlichen Klausur-Osttraktes direkt ins Seitenschiff hinabgelangen konnte. Andernfalls hätte sich wahrscheinlich dort die erwähnte „Nachttreppe" befunden, um aus dem Schlafsaal für die nächtlichen Stundengebete ohne Umweg über den Kreuzgang das Chorgestühl für die nächtlichen Stundengebete erreichbar zu machen. Ein Blick auf die in Speyer gewählte Lösung verdeutlicht das Problem (siehe S. 67). Allerdings war die Vita communis der Domkanoniker damals wohl bereits zugunsten individueller Haushaltsführung in eigenen Stiftskurien aufgelöst. Für einen Funktionswandel der dennoch großzügig erneuerten Domklausur sprechen zum Beispiel auch Nachrichten über öffentliche Rechtsakte, die 1208 vor einem in ihrem Umgang befindlichen Monumentalkreuz bezeugt sind (*actum in claustro sancti Petri ante crucifixum*). Daher handelte es sich bei dem als Treppenbenutzer in Frage kommenden Personenkreis wahrscheinlich um weiterhin gemeinschaftlich untergebrachten Scholaren oder Vikare, von denen mehrere eine spezielle Aufgabe im angrenzenden Westchor zu erfüllen hatten. Dass sich auch die Räumlichkeiten der Domschule in der Nähe befanden, wird schon vom Weihetitel der Kapelle (St. Nikolaus als Patron der Kinder und Schüler) angedeutet. Als ihr Nachbarraum im Erdgeschoss des Osttraktes lässt sich zudem der Kapitelsaal identifizieren, dem auch sonst des öfteren ein eigenes Oratorium oder wenigstens eine Altarnische beigegeben war. Die bauliche Situation in den Domklausuren von Mainz und Speyer (siehe S. 18 ff., 67) bietet hierzu jeweils partielle Vergleichsmöglichkeiten.

Der frei gebliebene Platz südlich des Doms diente als Laienfriedhof. Ob damit auch ein „Friedhof der Brüder" (Kanoniker) gleichzusetzen ist, der 1033 als Ortsangabe für die Stiftung einer ansonsten nicht mehr genannten Kapelle St. Mauritius erwähnt wird, bleibt ungewiss. Auf die Querschiffsachse des Doms ausgerichtet, erhob sich hier die aus dem letzten Viertel des 12. Jahrhunderts stammende **Tauf- und Pfarrkirche St. Johannes Baptist**. Sie hatte gewiss bereits einen salischen Vorgänger unbekannter Gestalt. Der nach 1807 erfolgte Abbruch des hochbedeutenden Dekagons mit konzentrischem inneren Stützenkranz, drei nach Osten weisenden spitzwinkligen Altarnischen und eingebautem quadratischen Glockenturm zählt zu den besonders schmerzlichen Verlusten der spätromanischen Sakralarchitektur am Oberrhein. Leider hat man bislang nicht einmal daran gedacht, zur Erinnerung die Umrisslinie dieser nur durch historische Ansichten und Pläne bekannten Nebenkirche des Doms im Boden zu markieren. Mit ihrem beträchtlichen Durchmesser von über 30 m entsprach sie ungefähr der Größe des Aachener Münsters und war in allen Teilen rippengewölbt. Von ihr blieben als Spolien lediglich Teile der besonders reichen Bauzier in verschiedenen Museen erhalten. Einen Taufstein wird man von Anfang an im Zentrum des überhöhten Mittelraums annehmen dürfen. Das Untergeschoss bildete eine große Krypta mit mehreren Altären. Zum formalen Vergleich kann die von Wormser Bischöfen Mitte des 11. Jahrhunderts gegründete, im 13. Jahrhundert als gotische Basilika erneuerte Stiftskirche zu Wimpfen im Tal herangezogen werden. Diese bestand ursprünglich aus einem Hexagon mit zwölfseitigem Umgang und hatte ebenfalls im Osten drei Apsiden. Nahe-

Worms, Dom mit Tauf- und Pfarrkirche St. Johannes. *Zeichnung von Johannes Ruland um 1800. Ansicht von Südwesten: Am linken Bildrand der Osttrakt des ab 1484 erneuerten Klausurgevierts. Daneben die gotische Nikolauskapelle und das um 1290–1300 gleichzeitig neu gestaltete Portal ins südliche Seitenschiff des Doms*

liegend ist ferner die Vermutung, dass runde oder polygonale Baptisterien des Hochmittelalters bei norditalienischen Kathedralen als Vorbild dienten, etwa die Taufkirchen von Pisa, Florenz, Cremona und Parma. In Deutschland wäre als Parallele lediglich die wenig ältere, gleichfalls im 19. Jahrhundert zerstörte Tauf- und Pfarrkirche St. Martin in Gestalt einer Umgangrotunde östlich der Bonner Kanonikerstiftskirche SS. Cassius und Florentius zu nennen. Hinsichtlich der Grundform eines im Kern turmartig überhöhten Zentralbaues ergeben sich schließlich noch Bezüge zu den Doppelkapellen der Dome von Mainz und Speyer.

Unser Rundgang durch den romanischen Wormser Dom beginnt am **Ostchor**. Sein kantiges, hausförmiges Sanktuarium mit Giebel und Satteldach wirkt von außen wie eine ins Prachtvolle gesteigerte Variante der Querschiffarme. Die östliche Schaufront flankiert in gleicher Flucht ein Paar schlanker Rundtürme. Sie enthalten Wendelstiegen zum Dachstuhl und waren Glockenträger. Mit ihrem gemeinsamen Sockel aus hammerrechten Kleinquadern ragen die Ostteile beträchtlich

über das abfallende Gelände empor. Man hat daher eine geplante oder wie in Mainz später wieder aufgegebene Krypta annehmen wollen, ohne dass hierfür ein archäologischer Nachweis existiert. In die Chorwinkel sind beidseitig verhältnismäßig niedrige, würfelähnliche Flankierungsbauten mit quadratischem Grundriss eingefügt. Davon entstammt der südliche als Sakristei dem Barockzeitalter, steht aber wohl auf hochmittelalterlichen Fundamenten. Das symmetrische Pendant auf der Nordseite („Silberkammer") hat Substruktionen wiederum aus regelmäßigem Kleinquaderwerk und eine Reihe schmaler Rundbogenöffnungen. Die Bausubstanz dürfte im Kern noch der Mitte des 11. Jahrhunderts angehören. 1130 ist dort eine Altarweihe überliefert mit den Patrozinien des Hl. Kreuzes und der Gottesmutter. Ein mit Aufhöhung und Einwölbung verbundener Umbau erfolgte Ende des 13. Jahrhunderts. 1711 nahm man eine Änderung der Geschosseinteilung vor und brach dabei größere Fenster ein. Paarweise auftretende Sakristei-, Schatzkammer- und Bibliotheksbauten in vergleichbarer symmetri-

Worms, Dom. Spätromanisches Tafelgemälde mit dem Dompatron St. Petrus (heute im Hessischen Landesmuseum Darmstadt). Früher wahrscheinlich Bestandteil eines Retabels auf oder hinter dem Hochaltar

nenraumlänge vereinheitlichten Laufhorizont, den man in Mainz erst zu Beginn des 13. Jahrhunderts nachträglich anstrebte. Als einstige Bestandteile des romanischen Hochaltars in der Apsis gelten vier Mitte des 13. Jahrhunderts entstandene Tafelgemälde im spätstaufischen „Zackenstil", die sich heute im Hessischen Landesmuseum Darmstadt befinden. Sie bildeten wahrscheinlich die Innen- und Außenseiten von Flügeln eines Retabels mit den Standfiguren der heiligen Dompatrone Petrus, Paulus, Nikolaus und Stephanus. Ihre preziöse Maltechnik wird charakterisiert durch den zum Teil plastisch modellierten und vergoldeten Hintergrund, der gewiss auf zeitgenössische Reliquienschreine aus Edelmetall anspielen sollte. Weitere Dekorationselemente der frühen Stauferzeit sind skulptierte Partien an Säulenvorlagen und Lisenenfüßen der nördlichen

scher Anordnung kennt bereits der karolingische St. Galler Klosterplan. Eine sehr ähnliche Raumkombination, ebenfalls bei runden Chorflankentürmen, findet sich aus dem 12. Jahrhundert am Merseburger Dom.

Der Fußboden des Sanktuariums aus innen gerundeter Apsis und Chorjoch liegt kaum höher als im Querschiff, von dem wiederum nur wenige Stufen zum Langhaus hinabführen. Im Westchor verhält es sich ähnlich. Bereits im 12. Jahrhundert besaß also der Wormser Dom einen auf ganzer In-

Worms, Dom. Relief an der Nordseite des Sanktuariums: Die namentlich gekennzeichnete legendäre Märtyrerin Juliana legt den Weg zu ihrer Hinrichtung im Stehen reitend auf den Schultern eines geflügelten Teufels zurück, dessen Anfechtungen sie zuvor widerstanden hat. Nun muss er sich von der Heiligen mit einem Strick um den Hals lenken und am Haarschopf ziehen lassen. Zusätzlich treibt ein Engel als ihr Seelengeleiter den überwundenen Dämon mit einem spitzen Stock an. Seitlich davon Namensinschriften des Stifters Adelbracht (ADELBRAHT MONETARIVS), als „Münzerhausgenosse" sicherlich vermögendes Mitglied einer für das Geldwesen verantwortlichen städtischen Korporation, sowie des von ihm beauftragten Bildhauers (OTTO ME FECIT)

Sanktuariumswand. Es handelt sich zumeist um vegetabile Ornamente und darin einbezogene Blattmasken. Besonders bemerkenswert ist eine durch Beischriften erläuterte Szene aus der Heiligenlegende der Jungfrau Juliana. Diese sonst wenig bekannte frühchristliche Glaubenszeugin konnte offenbar der namentlich genannte Stifter des Reliefs als seine persönliche Fürsprecherin zum Bildmotiv bestimmen. Auch der mit ihrer Darstellung beauftragte Bildhauer gibt sich zu erkennen. Als entscheidend für einen Deutungsversuch erweist sich die Ortswahl des Gedächtnisbildes: Wir haben an dieser Stelle vermutlich die dekorative Einfassung der bischöflichen Kathedra vor Augen, deren mittelalterliche Lokalisierung an der Evangelienseite des Sanktuariums sich mit einiger Sicherheit voraussetzen lässt. Adressat der Botschaft ist demnach nicht die ja dort keineswegs zutrittsberechtigte Öffentlichkeit, sondern das im abgeschrankten Ostchor seinen liturgischen Pflichten nachkommende Domkapitel und vor allem der bei Pontifikalhandlungen auf seinem Thronsitz Platz nehmende Bischof. Man hat hiermit offenbar selbstbewusst und in dauerhafter Form auf die Beteiligung finanzkräftiger städtischer Oberschichten am Neubau des Domes hinweisen wollen. Der Unterschied zur Stifterinschrift des Südportals ist offensichtlich, hingegen eine vergleichbare Intention auf dem Tympanon der Mainzer Memorienpforte wahrzunehmen (siehe S. 20 f.).

Das anschließende Querschiff setzt sich zusammen aus einer ungefähr quadratischen Vierung sowie den beiden seitlich wenig vortretenden und daher längsoblongen Kreuzarmen. Wegen der angrenzenden Chorwinkelbauten blieb in ihren Ostwänden kein Platz für Apsiden als Rahmung der Nebenaltäre. Oberhalb der Vierung reicht der Blick hinauf in den durch Trompen ins Achteck übergehenden, seitlich belichteten und kuppelartig gewölbten Vierungsturm. Er lässt sich gewissermaßen als ideelle Überhöhung für das zum Himmel aufsteigende Stundengebet der Kanoniker verstehen, die sich hierzu mehrmals täglich in ihrem Chorgestühl einzufinden hatten. Dieses wurde wie üblich aus zwei einander parallel gegenüberstehenden Sitzblöcken gebildet, deren altarnahe Stirnseite jeweils der Ehrenplatz von Propst (links) und Dekan (rechts) einnahm. Beidseitig

Worms, Dom. *Ostteile von Süden, mit barock erneuertem Chorflankenbau (Sakristei) und Stirnseite des südlichen Querschiffarms*

waren die Sedilienreihen durch übermannshohe Chorschranken abgeschirmt, die verschließbare Nebenpförtchen zu den Querarmen aufwiesen. Zum feierlichen Einzug in den Ostchor benutzte die Geistlichkeit jedoch die beiden seitlichen Portale des Kanzellettners, der sich unter dem westlichen Vierungsbogen erhob. Wie ein auf Stützen ruhender Kanzelkorb trat die axiale Lettnerbühne ins Mittelschiff vor und bildete ein Ziborium für den darunter stehenden Kreuzaltar. Die vom Kapitelchor aus über eine Treppe betretbare Bühne diente zur Verlesung von Epistel und Evangelium,

Worms, Dom. Spolien vom romanischen Portal ins südliche Seitenschiff, nach dessen Abbruch ins Innere der angrenzenden gotischen Annenkapelle verbracht (Historische Aufnahme, Zustand um 1930). Die Reliefs stellen Daniel in der Löwengrube (Beischrift: DANIEL IN LACV LEONVM) und den Propheten Habakuk dar, der – von einem Engel an den Haaren durch die Luft getragen – ein Gefäß mit Nahrung für ihn herbeibringt (Dan 6,17–24 u. 14,31–39). Von den beiden seitlich übereinander eingemauerten liegenden Portallöwen trägt der obere die Inschrift ADELR[ICVS] ME EM[IT], wodurch ein sonst unbekannter Laie (Angehöriger der städtischen Oberschicht?) als Stifter der Skulpturen bezeugt ist

Worms, Dom. Zeichnerische Rekonstruktion des romanischen Portals ins südliche Seitenschiff (Entwurf von D. Haas/E. Sebald 2008) mit hypothetischer Lokalisierung der erhaltenen Spolien, welche heute in die obere Westwand der gotischen St. Annenkapelle eingelassen sind

als Empore der Chorsänger und Verkündigungsort für die im Langhaus versammelten Stadtbewohner. Im Freiraum zwischen den beiden Hälften des Chorgestühls sind Grablegen von Bischöfen der späten Stauferzeit aufgefunden worden. Sie hatten das Privileg einer exklusiven Gebetsfürsorge durch ihr Kathedralkapitel für sich beansprucht. Die Gebeine des 1171 verstorbenen Bischof Konrad I., in dessen Amtszeit die Baumaßnahmen im Langhaus fallen, vermutet man hingegen in einem Sarkophag vor dem Altar des südlichen Querschiffarms. Dessen Patron St. Nikolaus hat er vielleicht besonders verehrt, wohl auch den Skulpturenschmuck seiner Kapellenpforte veranlasst. Jedenfalls war das Bischofsgrab somit Laien zugänglich, die aus dem südlichen Seitenschiff hierher gelangen konnten. Für sie stellte außerdem das Portal in der Querarm-Stirnwand noch eine zusätzliche Direktverbindung ebenfalls aus der gegenüberliegenden Pfarrkirche St. Johannes dar. Hier hat man geradezu den Eindruck einer absichtsvoll für eine bestimmte Personengruppe vorgesehenen Wegeführung. Dies dürfte Rückschlüsse auf testamentarische Verfügungen des Prälaten hinsichtlich seiner Memoria erlauben, die als freiwillige „Rangminderung" bei der Wahl eines für die Öffentlichkeit erreichbaren bischöflichen Bestattungsortes bereits im Mainzer Dom bemerkt wurden (siehe S. 34).

Das basilikale **Langhaus** des Wormser Doms war ohne Zugangsbeschränkung den weltlichen Kirchenbesuchern gewidmet. Dementsprechend führten auch auf etwa halber Höhe die zwei Hauptzugänge der Kathedrale beidseitig in seine

Worms, Dom. *Skulptiertes Tympanon des romanischen Portals ins südliche Seitenschiff, heute zum Dominneren gerichtet. Es zeigt den thronenden Christus mit aufgeschlagenem Buch (darin als lateinisches Bibelzitat Joh 14,6, das ins Deutsche übertragen lautet: „Ich bin der Weg, die Wahrheit und das Leben") zwischen Maria und Petrus, dem Hauptpatron des Doms. Links folgt ein stehender heiliger Bischof, wohl St. Nikolaus als Titelheiliger der westlich angrenzenden Kapelle. Von seinem Pendant, einem in Albe und Dalmatik gekleideten Diakon (vielleicht der hl. Erzmärtyrer Stephanus oder St. Laurentius, Patron des Westchores), sind nur noch die Füße erhalten, weil das Bogenfeld bei Errichtung des schmaleren gotischen Südportals zur Innenseite gedreht und für den Wiedereinbau entsprechend beschnitten wurde. Der kniende Prälat ohne Nimbus links außen lässt sich als in der Entstehungszeit des Portalschmucks amtierender Wormser Oberhirte, also Bischof Konrad I. von Steinbach († 1171) deuten, dessen Grab im benachbarten südlichen Querschiffarm lokalisiert wird. In der abgearbeiteten rechten Ecke des Tympanons könnte ihm etwa eine Kniefigur des salischen Domgründers Bischof Burchard I. oder aber des ausführenden Bildhauers entsprochen haben*

Nebenschiffe, obschon deren Außenseiten im Vergleich zu den Turmgruppen des Ost- und Westchores weniger repräsentativ erscheinen. Als gewisser Ausgleich wurde auf eine inhaltlich wohlüberlegte und künstlerisch anspruchsvolle Gestaltung der Portale Wert gelegt, die jeweils im vierten Seitenschiffjoch von Osten einander genau gegenüber liegen. Das von der Stadtseite über den Laienfriedhof erreichbare Südportal ist zusammen mit der seither anstoßenden erweiterten Nikolauskapelle im ausgehenden 13. Jahrhundert vollständig erneuert worden. Etwas jünger sind zwei östlich daran anschließende Nebenkapellen. Daher bietet sich dem heutigen Betrachter von außen das einheitliche Bild eines spätgotischen Architekturensembles mit tiefer Eingangsnische. Zum Glück haben sich vom Zustand des mittleren 12. Jahrhunderts genügend Spuren und Überreste erhalten, um eine Vorstellung des romanischen Portals zu gewinnen und sogar seine zeichnerische Rekonstruktion zu versuchen. Eine andauernde Wertschätzung der ursprünglichen Portalskulptur noch in der Zeit um 1300 hat damals in beinahe „denkmalpflegerischer" Motivation zur Drehung des Tympanons und seinem Wiedereinbau auf der Innenseite geführt. Zwar wurde es dabei an der rechten Seite beschädigt, doch blieb das Relief einer abgewandelten „Deesis" mit Assistenzfiguren größtenteils erhalten. Hier wird der Weltenrichter Christus von der Gottesmutter und dem Wormser Dompatron Petrus an Stelle des sonst üblichen Johannes des Täufers begleitet, wie ihn das mehrere Jahrzehnte jüngere Mainzer Leichhofportal zeigt. Als baugeschichtlichen Typus hat

Worms, Dom. *Ansicht der Ostteile mit dem Portal ins nördliche Seitenschiff, von Nordwesten aus dem früher vor der Königs- und Bischofspfalz gelegenen öffentlichen Versammlungsplatz („Freithof"). Am linken Bildrand die romanische „Silberkammer"*

man für den südlichen Haupteingang einen gestuften Portaltrichter in kastenförmiger Rahmung wahrscheinlich gemacht, wie er bereits bald nach 1100 an den Ostteilen des Mainzer Doms anzutreffen ist (siehe S. 34). Seine blockhaft vortretenden Seitenflächen würden Platz für weitere ehemals zugehörige Spolien mit der Darstellung des alttestamentlichen Daniel-Themas sowie für zwei Portallöwen bieten, die jetzt im Innenraum der gotischen Annenkapelle sekundär eingemauert sind. Einer von ihnen trägt den Namenszug des offenbar bürgerlichen Stifters dieser Skulpturen. Das bedeutet zwar eine Analogie zum Juliana-Relief im Ostchor, wäre hier jedoch davon abweichend als erinnernder Hinweis an die Allgemeinheit der Dombesucher zu werten wie etwa das Künstlerlob auf den Mainzer Türflügeln des Erzbischofs Willigis (siehe S. 31).

Von entsprechendem Rang, allerdings formal auffallend anders gestaltet ist das Portal des nördlichen Seitenschiffs. Eine Begründung dafür ergibt sich aus der Sonderrolle des zur Pfalz und auf den „Freithof" gerichteten Eingangs, vergleichbar der topographischen Situation in Mainz, Speyer und Bamberg. Sie umfasste etwa bei Amtsantritt eines neuen Bischofs oder Herrscherbesuchen zeremonielle Begrüßungen durch das Domkapitel und festliche Einzugsprozessionen (*adventus*). Bezeichnenderweise spielt sich im mittelhochdeutschen, um 1200 entstandenen Nibelungenlied hier der Vorrangstreit zwischen den Königinnen Kriemhild und Brunhild ab. Auch dieses Tympanon wurde nachträglich nach innen gewendet, und zwar im Zuge einer Planänderung, die etwa ein Vierteljahrhundert später als die um 1160 erfolgte Fertigstellung des Langhauses eintrat. Seither hat man vom Seitenschiff aus das glatte, früher bemalte Bogenfeld mit seinem Saum aus Palmetten und Blattmasken vor Augen. Außen machen im Großquaderwerk angearbeitete Bogenansätze deutlich, dass dem gestuften Trichterportal mit je zwei Gewändesäulen ursprünglich eine seitlich offene Vorhalle zugedacht war. Spuren eingeritzter Vorzeichnungen und geringe Farbreste zeugen von einer szenischen Dekoration des Tympanons mit nimbierten, nicht näher identifizierbaren Figuren. An der Außenwandfläche darüber war das von Kaiser Friedrich Barbarossa 1184 der Stadt gewährte Privileg angebracht. Sein in Bronze gegossener Text wurde von einer Ädikula eingefasst, deren seitliche Stützen mit geknickten Säulenschäften im Mauerwerk verankert sind. Nach der Zerstörung 1689 blieben davon nur Fragmente übrig, die man neuerdings in historisierenden Formen zu einem nachvollziehbaren Gesamteindruck ergänzt hat. Als naheliegende Analogie sei auf die im 12. Jahrhundert erfolgte Überformung der ottonischen Bronzetürflügel des Marktportals im Mainzer Dom durch ein bischöfliches Edikt verwiesen. Die Anbringung eines Kaiserprivilegs am Dom zu Speyer wies hingegen neben Gemeinsamkeiten auch gewisse Unterschiede auf (siehe S. 91 f.).

Worms, Dom. Portal des nördlichen Seitenschiffs. Darüber hing bis zu ihrer Zerstörung 1689 eine Bronzetafel, auf der mit vergoldeten Buchstaben das 1184 erlassene Stadtprivileg Kaiser Friedrich Barbarossas eingraviert war. Es gewährte den Wormser Bürgern durch Bestätigung einer entsprechenden Urkunde Kaiser Heinrichs V. von 1114 u.a. das Erbfolgerecht für Ehegatten, die Aufhebung der Todesfall-Abgabe und des Kopfzinses sowie Zollfreiheit in bestimmten Reichsorten. Der Bildhauer Gustav Nonnenmacher ergänzte 1981 in modernen, doch an die Stauferzeit erinnernden Formen den (gleichfalls 1689 beschädigten) rahmenden Baldachin der Inschriftstafel und fügte eine Sitzfigur des Herrschers hinzu. Darunter ins Deutsche übertragene Auszüge einer zusätzlichen Widmungsinschrift, ehemals auf die glatte Rückseite des hierzu 1184 umgedrehten Portaltympanons gemalt: „Lobpreis sei dir, Worms, von nun an und Genuss der Ehre, weil du fromm, klug und treu bleibst. Vom Hauptrecht [besondere Steuerzahlung der Bürger bei Todesfällen] sei durch unsere Huld befreit. Der Freiheit würdig, sollst du sie genießen. Hohen Lobes wert, sollst du, Worms, dich immerzu freuen. Dich hat das Kreuz mir geweiht, dich hat das Schwert mir geschenkt. Mit dir als gutem Schutzherrn, Petrus, möge Worms sicher sei"

Worms, Dom. Tympanon des Portals ins nördliche Seitenschiff, nach 1184 bei Anbringung des Barbarossa-Privilegs zum Kircheninneren gedreht

Worms, Dom. *Tympanon des romanischen, später vermauerten Portals zur Nikolauskapelle. Das Bogenfeld füllt eine skulptierte Büste des hl. Bischofs als Patron der Domschule, in den Zwickeln Köpfe von drei Scholaren. St. Nikolaus trägt in seiner Linken ein aufgeschlagenes Buch mit etwas später hinzugefügten, bisher nicht deutbaren Buchstaben. Die rechte Hand (ehemals mit Bischofsstab?) ist verloren. Über seiner rechten Schulter die Andeutung einer Maske*

Richtete im Mittelalter der durch eins seiner beiden Seitenschiffportale ins Langhaus eingetretene Besucher des Wormser Domes den Blick nach Osten, hatte er den bereits beschriebenen Kreuzaltar vor sich. Die visuelle Anteilnahme am Gottesdienst in Kapitelchor und Sanktuarium blieb ihm hingegen durch den Lettner verwehrt. Allerdings war der Laienaltar unter der vortretenden Lettnerkanzel als Ort des Pfarrgottesdienstes und Totengedenkens gleichfalls ein hochrangiger Kultschwerpunkt. Dem entsprach die überlieferte Ausstattung mit einem Marienbild und Statuen der Heiligen drei Könige sowie Tag und Nacht angezündeten Lampen. Seine wichtigste liturgische Funktion kam besonders nachhaltig durch die noch auf den Vorgänger des Burchard-Domes zurückgehende, unmittelbar vor den Stufen des Ziboriums befindliche Saliergrablege zum Ausdruck. Hier konnte unter Beteiligung der Bevölkerung die Memoria von Angehörigen des einst in Worms beheimateten späteren Herrscherhauses festlich begangen werden. Später ließen sich auch Wormser Bischöfe hier beisetzen. Ein Vergleich mit der von Konrad II. († 1039), dem ersten Vertreter der neuen Königsdynastie, begründeten Tradition einer entsprechenden Nekropole im Dom zu Speyer liegt auf der Hand (siehe dazu S. 89 f.). Auch die modernen Präsentationsformen gleichen einander: in beiden Fällen hat man zu Beginn des 20. Jahrhunderts in unhistorischer Gestalt eine begehbare unterirdische Gruft angelegt. In die westliche Langhaushälfte mündeten auf beiden Seiten einige Zugänge, die bereits kurze Erwähnung fanden. Nochmals zu nennen sind im Südschiff, wo einige aus dem karolingischen Dom hierher umgebettete Sarkophage (mit frühmittelalterlichen Bischofsbestattungen?) gefunden wurden, zunächst die heute vermauerte ursprüngliche Pforte der romanischen Nikolauskapelle. Ihr nach dem Dominneren weisendes Tympanon schmückt eine Büste des heiligen Bischofs mit aufgeschlagenem Buch, deren formale Nähe zur entsprechenden Darstellung am jedoch deutlich jüngeren Portal der Mainzer Memorie auffällt. Darauf folgt das Kreuzgangportal. Im letzten Seitenschiffjoch zeichnen sich in der Außenwand Spuren des beschriebenen Treppenabgangs aus dem Obergeschoss der früher hier anstoßenden Klausurgebäude ab. In der Stirnwand öffnet sich eine niedrige Sturzpforte zum südwestlichen Rundturm. Dahinter setzt jedoch keine Treppenspindel an, sondern lediglich eine spiralförmig aufwärtsführende und wohl früher für Materialtransport durch Lasttiere genutzte Rampe. Das kommt auch sonst gelegentlich vor, so im deshalb gleichfalls „Eselsturm" genannten Rest des frühromanischen Westchors, der vom Vorgänger des gotischen Regensburger Doms erhalten blieb. Anders verhält es sich mit dem Wormser Nordwestturm, der ebenso in seinem unteren Abschnitt noch dem Burchard-Dom angehört. Sein oberer Teil wurde dagegen

◂ *Worms, Dom.* Ehemaliger Eingang (heute vermauert) zur romanischen Nikolauskapelle im 4. Joch von Westen des südlichen Seitenschiffs

Worms, Dom. Innenansicht des südlichen Seitenschiffs nach Westen. Die niedrige Pforte in der Stirnwand führt zum Rampenaufgang im Südwestturm. In der Außenwand (am linken Bildrand) hochgelegene, das Obergeschoss des früher angrenzenden Kreuzgangs zugänglich machende Rundbogentür, von dort abwärtsführend Spuren einer Treppe ins Langhaus

Worms, Dom. *Westliches Ende des nördlichen Seitenschiffs: Außenansicht von Nordwesten, mit Abbruchspuren der ehemals hier rechtwinklig anschließenden Königs- und Bischofspfalz. Die ebenerdige Pforte ist in verschliffener Kleeblattform mit Kantenwulst gerahmt, schräg darüber (am rechten Bildrand) erkennt man den durch eine Ziegelplombe verschlossenen früheren Durchgang vom Obergeschoss des Palastes in den Nordwestturm des Doms*

Worms, Dom. *Blick nach Westen ins Eckjoch des nördlichen Seitenschiffs. In der Außenwand (rechts) eine Rundbogenpforte, die ehemals ins Erdgeschoss der angrenzenden Königs- und Bischofspfalz führte. Durch eine Tür mit Rundbogenblende in der Stirnwand betritt man die Wendeltreppe im Nordwestturm. Das hochgelegene Fenster ermöglicht den Einblick ins Kircheninnere von einer Passage aus, die das Obergeschoss des Palastes mit der Turmtreppe verband*

1472 nach einem Teileinsturz in gotischen Formen wiederhergestellt, die sich geschickt dem romanischen Gesamteindruck unterordnen. Seine Wendeltreppe hatte anspruchsvollere Aufgaben. Sie ermöglichte den Aufstieg zum Dachstuhl des nördlichen Seitenschiffs, an dessen östlichem Ende man durch eine aufwändig profilierte Rundbogenöffnung der Obergadenwand hinab in den nördlichen Querschiffarm blickt. Anders als bei den vergleichbaren hochgelegenen Pförtchen der Dome von Mainz (S. 26 ff.) und Speyer (S. 88 ff.) ist hier die ehemalige Nutzung nicht sogleich erkennbar. Vielleicht käme aber wie in den beiden Nachbarkathedralen die Beobachtung des Gottesdienstverlaufs im Kapitelchor durch einen Helfer des Sakristans in Frage, der zeitlich darauf abgestimmt Glocken in den westlichen Türmen zu läuten hatte – bei allerdings langem Anmarschweg über das Seitenschiffgewölbe. Auch an den Standort einer frühen, noch kleinformatigen Orgel lässt sich erneut denken. Wichtiger war aber zweifellos die Verbindung zum nördlich anstoßenden Bischofspalast. Aus seinem Erdgeschoss gelangte man durch eine hohe, schmale Pforte mit außenseitiger Rundstabrahmung in das Endjoch des nördlichen Seitenschiffs. Vom Obergeschoss mit den Wohnräumen des Prälaten konnte man außerdem durch einen nachträglich ins spätottoni-

Worms, Dom. *Blick nach Osten ins nördliche Seitenschiff aus dem hochgelegenen Fenster der Passage zwischen dem Obergeschoss des Bischofspalastes und dem nordwestlichen Treppenturm. Man nimmt in der Ferne das Wandgemälde des hl. Christophorus im nördlichen Querschiffarm wahr*

Worms, Dom. *Spätromanisches Wandgemälde des hl. Christophorus an der Ostseite des nördlichen Querschiffarms (Ausschnitt, der untere Teil des ursprünglich über 10 m hohen Bildes durch die barocke Chorette verdeckt). Das dreizeilige Schriftband am oberen Rand, stark restauriert und zum Teil fehlerhaft ergänzt, lautet in deutscher Übertragung: „Durch dich wird ein gutes Zeichen gegeben. Jede Art von Krankheit wird vertrieben, [ebenso] Unwetter, Hungersnot und Seuchen – o Christophorus, du Zeuge Christi"*

sche Turmmauerwerk eingebrochenen Gang die Wendeltreppe erreichen und so direkt in den Dom hinabsteigen. An die gleichen Zwecken dienenden hochgelegenen Durchgänge in Mainz (siehe S. 29) und Speyer (siehe S. 82) sei erinnert, ebenso an eine Reihe weiterer Parallelen, die u.a. in den Bischofskirchen von Paderborn, Minden, Osnabrück und Magdeburg nachgewiesen sind. Die überraschende Besonderheit des Wormser Falls beruht auf einer ins Innere des Gotteshauses gerichteten Fensteröffnung. Zur durchaus wünschenswerten Belichtung des Verbindungsgangs hätte sie nach außen weisen müssen. Tatsächlich verdankt sie ihre Existenz offenbar der gezielten Oberservierungsabsicht eines spätromanischen Wandgemäldes, das weit entfernt im nördlichen Querschiffarm angebracht ist. Auf dessen Ostmauer hat man nämlich noch vor 1200 überlebensgroß St. Christophorus dargestellt, der den Christusknaben auf seiner Schulter durch einen Wasserlauf trägt. Dem vor allem in spätmittelalterlicher Zeit überaus populären Heiligen schrieb die Volksfrömmigkeit bekanntlich diese Wirkungsmacht zu: So oft sein (deshalb gern großformatig gestaltetes, weithin sichtbares) Abbild von einem Kirchenbesucher erblickt wurde, war dieser für den betreffenden Tag vor einem plötzlichen, unvorbereiteten Tod sicher. Das Wormser Gemälde gehört

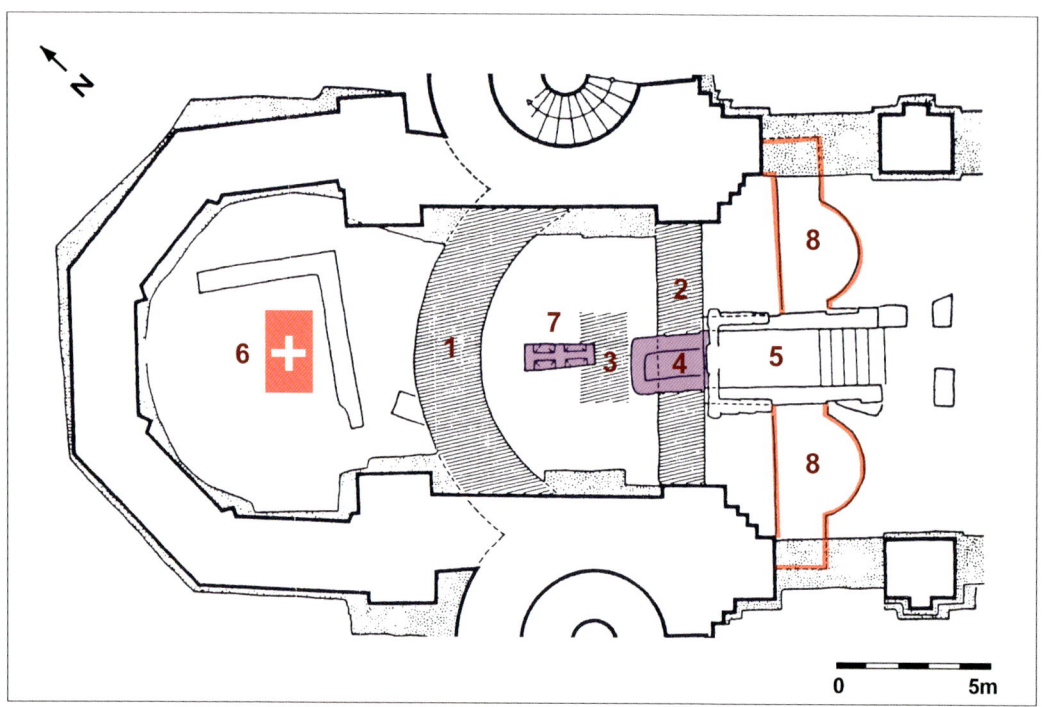

Worms, Dom. Westchor, umgezeichneter Grabungsplan: 1. Fundament der Westapsis des um 1022 fertiggestellten Burchard-Domes 2. Spannfundament unter dem westlichen Apsisbogen des frühen 11. Jahrhunderts 3. Fundament des frühromanischen Westchor-Altars St. Laurentius 4. ursprüngliche Grablege Bischof Burchards I. († 1025) 5. nach Abbruch des Westchorlettners wohl in nachmittelalterlicher Zeit eingetiefte sekundäre Grabkammer Bischofs Burchards I. 6. stauferzeitlicher Westchor-Altar St. Laurentius 7. Grablege Bischof Konrads II. von Sternberg († 1192) 8. Fundament eines Lettners der späten Stauferzeit mit symmetrischen seitlichen Treppenspindeln

Naumburg, Dom. Chorseite des frühgotischen Westlettners mit zwei Treppentürmchen (zum Vergleich)

zu den frühesten erhaltenen Vertretern seiner verständlicherweise weit verbreiteten Gattung. Vom Fenster des Bischofsgangs sieht man es ungeachtet der großen Distanz durch das dunkle, tunnelartige nördliche Seitenschiff hindurch als ferne, aber genau erfassbare Vision. Es wird von den Querarmfenstern in helles Licht getaucht und erscheint wie eigens herauspräpariert für seinen Auftraggeber und bevorzugten Adressaten. Während sonst vor allem die einfache Laienbevölkerung beim legendären Christusträger Trost und Sicherheit für ihre prekäre Existenz suchte, stoßen wir hier eher zufällig auf unvermutete, nicht durch die spärlichen Schriftquellen überlieferte Façetten im Persönlichkeitsbild eines hochmittelalterlichen Kirchenfürsten. Er lässt sich mit hoher Wahrscheinlichkeit identifizieren als Bischof Konrad II. von Sternberg († 1192), der Vollender des staufischen Westchores, und wird uns im Folgenden nochmals beschäftigen.

Bischof Buchards spätottonischer Dombau wies bereits einen **westlichen Gegenchor** auf, dessen halbkreisförmige Apsis kaum über die Flucht der flankierenden Rundtürme vortrat. Archäologische Untersuchungen haben im Spannfundament auf der Apsissehne eine Eintiefung für das axiale Bodengrab des Bauherren freigelegt. Unmittelbar westlich davon fand sich das Fundament des Westchoraltares, der dem heiligen Laurentius geweiht war. Das Patrozinium könnte veranlasst sein durch Herzog Konrad den Roten, den Stammvater der Salier, der vor dem Kreuzaltar inmitten seiner Nachkommen beigesetzt ist. Er fiel 955 am Festtag dieses Heiligen in der siegreichen Schlacht gegen die Ungarn auf dem Lechfeld bei Augsburg. Da ein zelebrierender Priester auf der Westseite hinter dem Wormser Gegenchoraltar stand und bei der Eucharistiefeier über dessen Mensa hinweg nach Osten blickte, hatte er das im Fußboden sicher durch eine Steinplatte mit Inschrift markierte Bischofsgrab ständig vor Augen. Burchards Gebeine werden wie üblich mit dem Kopf nach Westen gelegen haben, um am Tag des Jüngsten Gerichts sogleich die Wiederkunft Christi und das im Osten angenommene Paradies schauen zu können. Somit berührte sein Haupt unmittelbar den Stipes des Laurentiusaltares und nahm geradezu körperlich Anteil an der Heilswirkung des täglich dort gefeierten Messopfers. Die aus diesen topographischen Bedingungen heraus entwickelte, baulich wie ideell überaus enge Verklammerung von Stiftergrablege und Westchoraltar lässt sich in nahezu identischer Form nochmals im salischen Paderborner Dom nachweisen. Der dortige Bischof Imad († 1076) hatte ihn nach einem Brand wiederhergestellt und daraus das Bauherren-Privileg einer exklusiven Bestattung im Gegenchor abgeleitet. Dieses Vorrecht nahm in Worms auch der Vollender des dritten staufischen Bauabschnitts für sich in Anspruch, der bereits erwähnte Bischof Konrad II. (1171–92). Er brachte von einer Reise nach Konstantinopel eigens eine kostbare Ampel als Ewiges Licht für den zu seiner Grablege bestimmten Westchor des Domes zurück. Nachdem man den neuen Laurentiuschor um etwa 12 m verlängert hatte, konnte auch sein Altar in die nunmehr polygonale Apsis verschoben werden. Bischof Konrads Sarkophag mit ornamentiertem Deckel befand sich in einiger Entfernung östlich davor auf der Längsachse, und zwar so, dass er in das Fundament des damals entfernten frühromanischen Altars eingebunden war. Wir haben es mit einer wohlüberlegten, kumulativen Steigerung der angestrebten Segenswirkung zu tun: Konrads Gebeine kamen in ein Bezugsfeld zu liegen, das auch weiterhin auf dem (erneuerten, fortan für den Gottesdienst verwendeten) Gegenchoraltar beruhte. Doch gleichzeitig suchte sein Grab die Nähe des ungeachtet der Auflassung wie eine Berührungsreliquie hochgeschätzten Vorgänger-Altars, den sein inzwischen als heiligmäßig verehrter Amtsbruder etwa 160 Jahre zuvor errichtet hatte (d.h. der davon unter dem Fußboden verbliebenen Substruktion).

An den Bauformen des 1181 geweihten Westchores erkennt man die Tätigkeit einer neuen Werkstatt. Sie entwickelte eine Vorliebe für stärkere plastische Durchbildung des Mauerwerks bei Verwendung zunehmend reicherer Schmuckelemente wie Mehrpassfenster und Zickzackwülste, vielfach in Kombination mit tiefgestuften Blendnischen. Bereits durch seine Gewölbeform mit zentriertem Schlussstein erweckt das seitlich leicht ausgreifende westliche Chorpolygon den Eindruck eines zentralbauähnlichen Altarraumes. Er wird durch das außergewöhnliche axiale Radfenster und dessen ehemals fünf Satelliten gegen Abend in eine sicherlich programmatisch eingeplante Lichtflut getaucht. Von ihm gingen vielleicht sogar (jedoch ausschließlich formale) Anregungen für die Konzeption des wenig jüngeren Mainzer Westchores in Gestalt eines Trikonchos mit gleichfalls polygonal gebrochener Umrisslinie aus (siehe S. 21 ff.). Wegen der mit ihren unteren Geschossen in den Neubau übernommenen, enger zusammenstehenden Westtürme des Wormser Burchard-Domes ergab sich nun als verbindendes Gelenkstück zum Mittelschiff ein querrechteckiges Westchorjoch. Dessen Seitenwände mit kleinteilig gegliederten Rahmenformen lassen sich als eine Art Dorsale für steinerne Klerikerbänke auffassen. Darüber erhebt sich wie im Osten ein nach unten offener, allerdings schlankerer Chorturm, der gleichfalls auf Höhe des Mittelschiffgewölbes ins Achteck wechselt. Es handelte sich aber offenbar nicht um den Ort für ein gleichrangiges zweites Chorgestühl des Domkapitels wie in den doppelchörigen Bischofskirchen von Bamberg oder Naumburg. Vielmehr sorgten hier eigens mit zweckgebundenen Präbenden ausgestattete Angehörige des niederen Domklerus („Laurentius-Vikare") vornehmlich für die Memoria der beiden bischöflichen Bauherren. Dabei scheint man eine Anteilnahme von Laien nicht gewünscht zu haben. Nur so ist zu erklären, dass der Westchor über ein halbes Jahrhundert nach seiner Vollendung noch mit einem Lettner optisch vom Langhaus abgeteilt wurde. Zuvor hatte es wahrscheinlich nur halbhohe Brüstungen gegeben, von denen Fragmente mit reichem Reliefschmuck ausgegraben wurden. Sie lassen sich ins frühe 12. Jahrhundert datieren und stehen vielleicht in Zusammenhang mit Erneuerungen des liturgischen Mobiliars anlässlich der oben erwähnten Hochaltarweihe von 1110. Nun errichtete man eine übermannshohe, in der frühen Neuzeit wieder beseitigte Querschranke, von der lediglich das Fundament nachgewiesen ist. Sie dürfte dem etwa zeitgleichen oder wenig jüngeren Westlettner des Naumburger Doms sehr ähnlich gewesen sein. Wie dieser besaß sie eine schmale Bühne von kaum mehr Grundfläche, als seine Mauerstärke verfügbar macht. Zugänglich war der Laufgang über zwei seitliche Treppentürmchen, deren Wandungen wohl von aufsteigenden Arkaden durchbrochen wurden. Auch der gewiss als Anregung und Vorbild wirksam gewesene Mainzer Westlettner verdankte seine Ausgestaltung mit entsprechenden Einzelformen diesem Hüttenkreis des „Naumburger Meisters" (siehe S. 24 ff.). Anders als beim berühmten Naumburger Vergleichsobjekt ordnete man jedoch die symmetrischen Treppenspindeln im Wormser Westchor außenseitig an, offenbar wegen Platzmangel im beengten Chorjoch. Hingegen gab es in beiden Fällen den bei Westchorlettnern üblichen axialen Eingang. Bisher anders interpretierte Grabungsbefunde haben dabei in Worms zu Fehldeutungen hinsichtlich einer eben dort sekundär eingetieften jüngeren Gruft geführt, die das Burchardgrab des 11. Jahrhunderts überschneidet und offenbar abgelöst hat. Diese Baumaßnahme war aber zweifellos erst nachmittelalterlichen Ursprungs und setzte eine Beseitigung des Lettners voraus, die vermutlich im 16. Jahrhundert erfolgte. Rätselhaft bleibt die restriktive Ausrichtung des Gebetsgedächtnisses an den Grablegen der beiden bischöflichen Bauherren. Eine derartige Einschätzung betrifft übrigens generell den Gottesdienst im Westchor und seine Beschränkung auf einen kleinen, stiftsinternen Personenkreis sowie seine funktionale Verknüpfung mit der Pfalz des Wormser Oberhirten und Stadtherren, quasi unter Ausschluss der laikalen Öffentlichkeit. Bei ansonsten weitgehend identischen sakraltopographischen Verhältnissen im Paderborner Dom ging dort die Entwicklung seit dem frühen 13. Jahrhundert in genau entgegengesetzte Richtung: der Gegenchor wandelte sich (ähnlich wie im Mainzer Dom) allmählich zum allgemein zugänglichen Pfarrchor. Ob eine für 1496 überlieferte Wormser Schriftquelle mit dem Hinweis, „in s. Laurenzen chor" hätten die Domherren Teile der Osterliturgie gesungen, unseren Eindruck relativieren kann, wäre noch näher zu untersuchen.

__Worms, Dom.__ Innenansicht des Westchors mit dem St. Laurentiusaltar. Die Grablege Bischof Burchards I. († 1025) wird heute durch eine von Ketten eingefasste moderne Steinplatte gekennzeichnet. In der Südwand des Chorjoches (links) teilweise von einem barocken Grabmonument verdeckte Blendarkaden als Dorsale der steinernen Klerikerbank

Speyer, Dom SS. Maria und Stefan

Schon durch seine eher ungewöhnliche Lage unterscheidet sich der Speyerer Dom von den Bischofskirchen in Mainz und Worms. Er nimmt ein spornartig zum Rheinufer hin vortretendes Areal ganz am östlichen Ende der seit dem 10. Jahrhundert befestigten Siedlung ein. Sie wird vom westlichen Haupttor (Altpörtel) der salischen Stadterweiterung bis zur Grenze der Domimmunität durchquert von einem breiten, annähernd geradläufigen Straßenzug. Er ist im heutigen Ortsbild noch als direkt auf den Westbau zuführende Dominante wirksam. Das eindrucksvolle Zeugnis früh- und hochmittelalterlicher Stadtplanung vergleicht man zu Recht mit der etwa zeitgleich angelegten Sichtachse zwischen dem Würzburger Dom und der in seiner Fluchtlinie liegenden späteren Mainbrücke

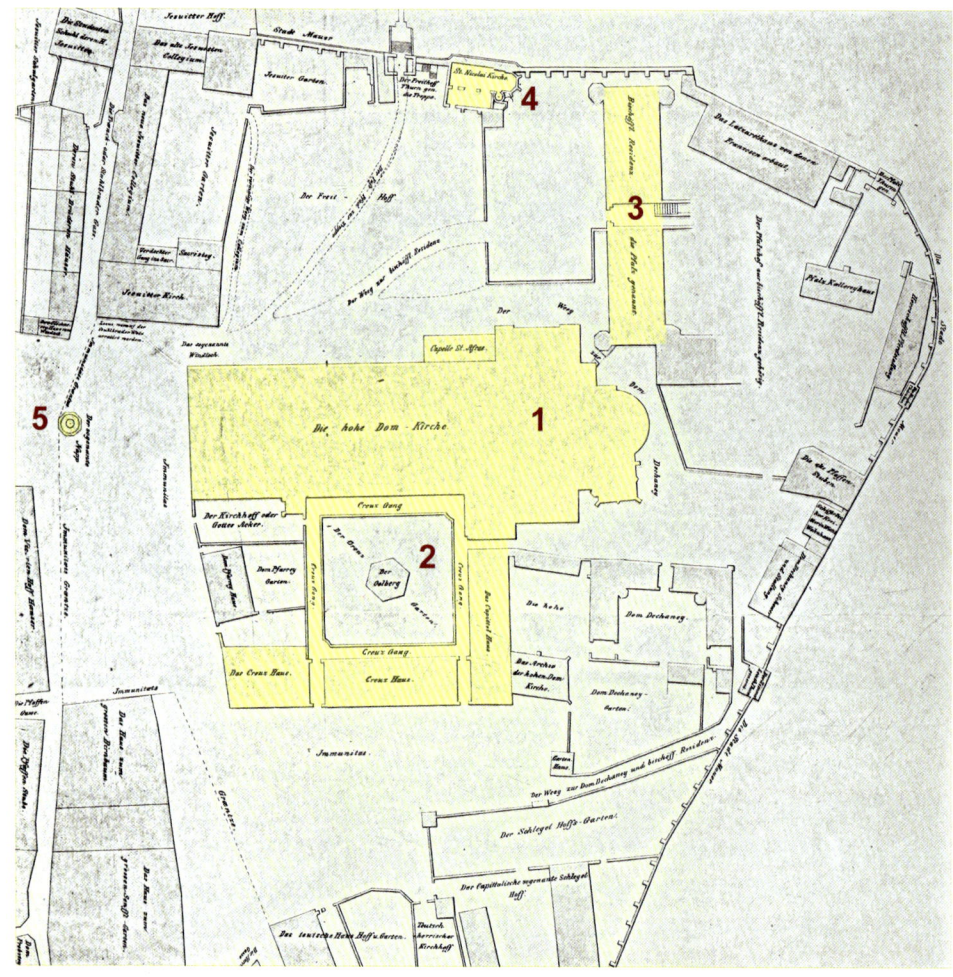

Speyer, Domimmunität. Plan des Domschaffners Johann Anton Maynz, um 1750 (Umzeichnung von 1859). Farbig unterlegt: 1. Dom SS. Maria u. Stefan 2. Domklausur 3. Königs- u. Bischofspfalz mit westlich davor gelegenem städtischen Versammlungsplatz ("Freithof") 4. Pfalzkapelle St. Nikolaus 5. Brunnen an der Immunitätsgrenze vor dem Westbau des Doms ("Domnapf")

anstelle eines alten Flussübergangs. Es erscheint daher nur konsequent, wenn der im 11. Jahrhundert als Ersatz für nicht näher bekannte frühmittelalterliche Vorgänger vollständig neu entstandene Speyerer Dom die Gestalt eines geosteten Richtungsbaues erhielt. Dies steht in Kontrast zu den zuvor behandelten, rheinabwärts folgenden doppelchörigen Kathedralen in Worms und Mainz sowie dem romanischen Alten Dom zu Köln, entspricht aber den Bischofskirchen von Straßburg, Basel und Konstanz am Oberlauf des Stromes. Zwar bildet in Speyer der Ostchor den wichtigsten Kultschwerpunkt. Jedoch ergab sich am Außenbau durch das ursprünglich (vor dem teilweisen Abriss des romanischen Westbaus) in allen Einzelteilen sorgsam abgestimmte Erscheinungsbild seiner über beiden Enden des Bauwerks emporragenden Dreiturmgruppen der Eindruck harmonischer Ausgewogenheit. Darin liegt ein auffallender Unterschied zum parallel errichteten dritten Kirchenbau des berühmten burgundischen Benediktinerklosters Cluny, den man als ebenso anspruchsvolles, konkurrierendes Denkmal des im Investiturstreit betont antisalisch gesonnenen Reformpapsttums werten wollte. Dort bewirkte die Anreicherung der Ostteile durch Chorumgang, Kapellenkranz und mehrtürmiges Doppelquerschiff eine liturgisch motivierte formale Kopflastigkeit, die einen deutlichen Gegensatz zum architektonisch akzentlosen basilikalen Langhaus darstellte.

Am Speyerer Dom sind zwei hochmittelalterliche Hauptbauphasen von etwa 1027 bis zur Weihe 1061 sowie vom Anfang der 1080er Jahre bis ins erste Viertel des 12. Jahrhunderts auszumachen. Ihr zeitlicher Verlauf steht in engem Bezug zu den Regierungsdaten der salischen Königsdynastie. Deren aufeinander folgende Herrscher Konrad II. (1024–39, Kaiserkrönung 1027), Heinrich III. (1039–56, Kaiserkrönung 1046) und Heinrich IV. (1056–1106, Kaiserkrönung 1084) beeinflussten konzeptionell und durch Bereitstellung außerordentlich reicher Finanzmittel die Baumaßnahmen entscheidend, während die gleichzeitig amtierenden Ortsbischöfe und das Domkapitel mehr als ausführende Organe tätig waren. Daher ist die erst im 19. Jahrhundert aufgekommene Bezeichnung „Kaiserdom" wegen ihrer einseitigen Charakterisierung zwar unhistorisch, aber in diesem Fall doch teilweise berechtigt. Sein frühromanischer Bau I war eine kreuzförmige Pfeilerbasilika mit rechteckig ummanteltem Sanktuarium, östlichem Querhaus und quadratischen Chorwinkeltürmen. Nach Planänderungen werden die nun podiumartig erhöhten Ostteile unterfangen durch eine weitläufige T-förmige Hallenkrypta. Das Langhaus hatte zunächst ein flachgedecktes Mittelschiff bei gewölbten Abseiten, wurde bald nach Westen verlängert und erhielt einen querrechteckigen Westbau angefügt. Die wichtigsten Neuerungen des hochromanischen Bauabschnitts II bestanden aus einer Höherlegung der Mauerkrone und vollständiger Einwölbung. Deshalb wurden vor allem die

Speyer, Dom. *Kolorierte Federzeichnung von 1613: Ansicht von Südosten der romanischen Königs- u. Bischofspfalz mit Arkadengruppen, Altarerker ihres Michaelsoratoriums und Oculus*

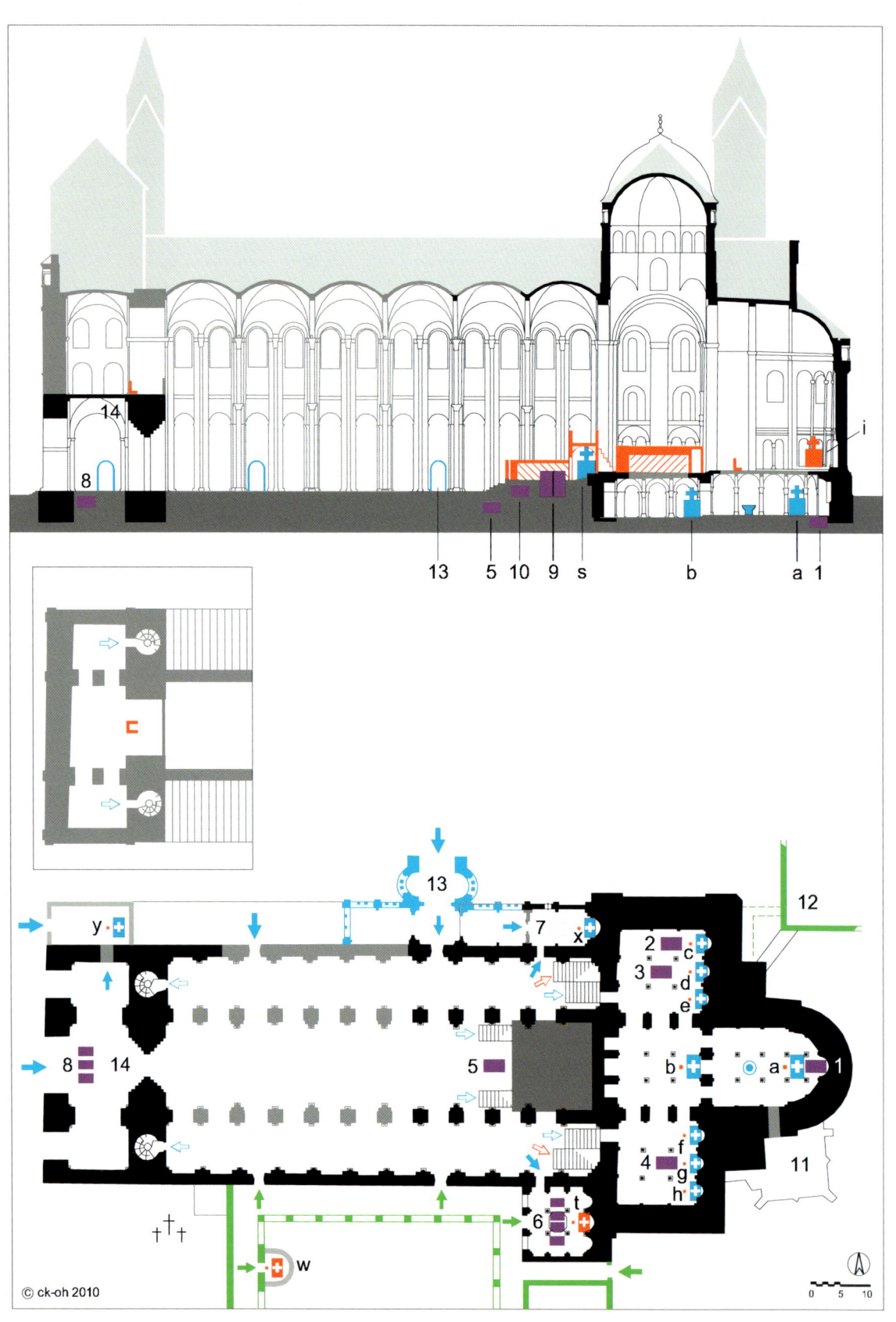

Speyer, Dom. *Schematische Rekonstruktionspläne des Zustandes Mitte 13. Jahrhundert.*
Linke Seite: Erdgeschoss- u. Kryptengrundriss, in der Vignette Grundriss der Westbau-Empore, dazu Längsschnitt. Rechte Seite: Grundriss in Höhe von Sanktuarium, Querschiff, Königschor.

<u>Altäre</u> in der Krypta: a. St. Ägidius b. St. Petrus u. Hl. Kreuz (Standort nicht archäologisch nachgewiesen) c. SS. Simon u. Juda d. SS. Matthias u. Matthäus e. St. Gallus f. St. Bartholomäus g. SS. Philippus u. Jakobus h. SS. Andreas u. Thomas im Sanktuarium: i. Hochaltar SS. Maria u. Petrus k, l. Patrozinien unbekannt im Nord-Querschiffarm: m. SS. Johannes Evangelist u. Baptist n. St. Barbara o. SS. Maria Magdalena u. Sebastian im Süd-Querschiffarm: p. SS. Stefan (Erzmärtyrer u. Papst) q. St. Cyriakus r. St. Gregor s. Hl. Kreuz in Annexen der Süd- (Klausur-) Seite: t. SS. Emmeram u. Martin u. St. Katharina v. SS. Blasius u. Dorothea w. St. Laurentius in Annexen der Nordseite: x. St. Afra y. St. Paulus z. St. Michael

<u>Grablegen</u> in der Krypta: 1. Adelheid († um 1076), Tochter Kaiser Heinrichs IV. (?) 2. Kindergrab oder Umbettung: vielleicht ein in jugendlichem Alter verstorbener Sohn Kaiser Heinrichs IV. 3, 4. nicht identifizierte Personen des 11. Jahrhunderts 5. im Mittelschiff: Sarkophag mit von geometrischen Ornamenten überzogenem Deckel (dieser heute angebracht auf der südlichen Seitenschiffswand neben der Pforte zur Doppelkapelle), vielleicht für die Bischöfe Walter († 1031) oder Reginbald II. († 1039). Über der Fundstelle stand später der 1303 konsekrierte Altar St. Anna 6. in der Doppelkapelle SS. Emmeram u. Martin und Katharina: nicht identifiziertes Doppelgrab vor dem Erdgeschoss-Altar, seitlich je eine weitere Grablege unbekannter Personen der Gründungszeit 7. vorläufige Beisetzung des im Kirchenbann verstorbenen Kaisers Heinrich IV. 1106–1111 in der damals noch ungeweihten Kapelle St. Afra 8. Stuhlbrüder in der Westvorhalle („Großes Paradies") 9. Herrschergrablege mit den Sarkophagen der salischen Kaiser(-paare): Konrad II. († 1039) u. seine Gemahlin Gisela († 1043), Heinrich III. († 1056), Heinrich IV. († 1106, hierher übertragen wahrscheinlich 1111) u. seine erste Gemahlin Bertha († 1087, in den Speyerer Dom übertragen 1090, hierher spätestens 1111), Heinrich V. († 1125); davor in zweiter Reihe Kaiserin Beatrix (Gemahlin Friedrich Barbarossas, † 1184) und ihre im Kindesalter verstorbene Tochter Prinzessin Agnes; König Philipp von Schwaben († 1208, hierher übertragen 1213). 1291 folgte König Rudolf von Habsburg in axialer Position, die man zuvor wohl für Kaiser Friedrich Barbarossa († 1190 als Kreuzfahrer im Orient) freigehalten hatte. 1309 wurden schließlich die Gebeine der Könige Adolf von Nassau († 1298) u. Albrecht von Österreich († 1308) als Zweitbestattung in den Bodengräbern von Beatrix und Agnes beigesetzt. Über beiden Reihen der Herrschergräber erhob sich je eine massiv gemauerte Tumba mit beschrifteten Grabplatten 10. Dritte Grabreihe: fünf Sarkophage, davon vier für Speyerer Bischöfe des 12./13. Jahrhunderts

<u>Ortsangaben/Ausstattung</u>: 11. Gotische Sakristei von 1409. Wahrscheinlich ersetzte sie einen romanischen Vorgängerbau in gleicher Lage 12. Königs- u. Bischofspfalz 13. Zum städtischen Versammlungsplatz („Freithof") vor der Pfalz gerichtete Nordvorhalle („Kleines Paradies") 14. Inschrift des 1111 von Kaiser Heinrich V. gewährten Stadtprivilegs über dem Westportal

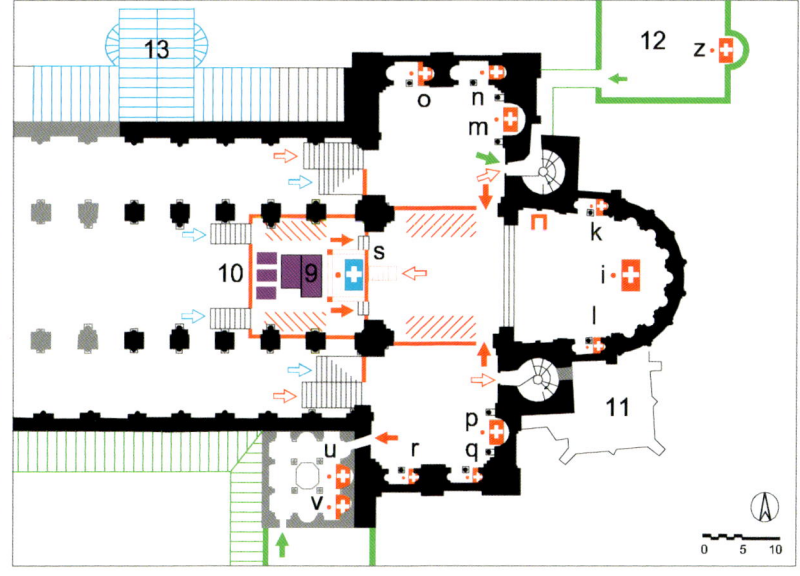

Ostteile im Bereich oberhalb der Krypta weitgehend abgetragen und anschließend mit erheblich größerer Wandstärke wieder aufgeführt, zum Teil in abweichender Gestalt (nunmehr auch außen gerundete Hauptapsis). Das Mittelschiff erhielt für die neue Wölbung entsprechende Wandvorlagen nach dem gebundenen System. Zeitlich zugehörig waren ferner die Freigeschosse der sechs Türme und eine allseitig umlaufende Zwerggalerie. An nachmittelalterlichen Substanzverlusten sind vor allem die 1689 zerstörte Westhälfte des Langhauses und die wegen Baufälligkeit im Jahre 1755 niedergelegten oberen Teile des Westbaus zu nennen. Eine Wiederherstellung des Kirchenschiffs erfolgte bei enger Anlehnung an die alten Formen in den 1770er Jahren, der jetzige neoromanische Westbau entstand 1854–58.

Die seit dem Beginn des 19. Jahrhunderts von historischen Gebäuden weitgehend leergeräumten und zu einem an dieser Stelle eher unpassenden Parkgelände umgewandelte Domimmunität war früher dicht bebaut. Eine sich wie üblich auf die beiden Längsseiten der Kathedrale verteilende Scheidung von Bereichen des Bischofs und bei ihm temporär Hof haltender Herrscher im Norden und des Kanonikerkapitels im Süden wurde allerdings nicht konsequent eingehalten. Außerdem spielte die bereits erwähnte, besonders ausgeprägte Beziehung zum städtischen Siedlungskern im Westen eine Rolle. Die Grenze zwischen beiden Rechtsbezirken markierte ein heute wieder ungefähr an seiner ursprünglichen Stelle stehender Schalenbrunnen. Er wurde im Laufe der Jahrhunderte mehrfach erneuert und ist unter der volkstümlichen Bezeichnung „Domnapf" bekannt. Seine rechtshistorische Bedeutung als Asyl- und Gerichtsort hinderte nicht das bei bestimmten festlichen Anlässen stattfindende Einfüllen einer rituellen Weinspende an die Stadtbevölkerung (z.B. seit spätmittelalterlicher Zeit anlässlich des ersten Einzugs eines neu ernannten Oberhirten bezeugt). Weiter nördlich bildete die später vom frühneuzeitlichen Jesuitenkolleg verdrängte Dompropstei mit ihrer 1180 genannten Kapelle St. Christoph eine Begrenzung des neben der Kathedrale gelegenen „Freithofes", den wir als traditionelles Versammlungsgelände der Bürgerschaft vor der Bischofs- und Königspfalz bereits aus Worms kennen (siehe S. 43). In Speyer befand sich der Palast jedoch am gegenüberliegenden Ostrand des Platzes. Die Gebäude der Domdechanei als Amtssitz des zweitwichtigsten Kapiteldignitärs mit ihrem St. Cyriakus geweihten Oratorium gruppierten sich um einen Hof im Südosten der Bischofskirche. Die adeligen Kanoniker des Domstifts bewohnten seit Auflösung ihrer Vita communis bereits zu Beginn des 12. Jahrhunderts mehrheitlich ebenfalls eigene Kurien (*curtes claustrales*). Das 1437–44 spätgotisch erneuerte Geviert des **Kreuzgangs** an der Südseite des Langhauses

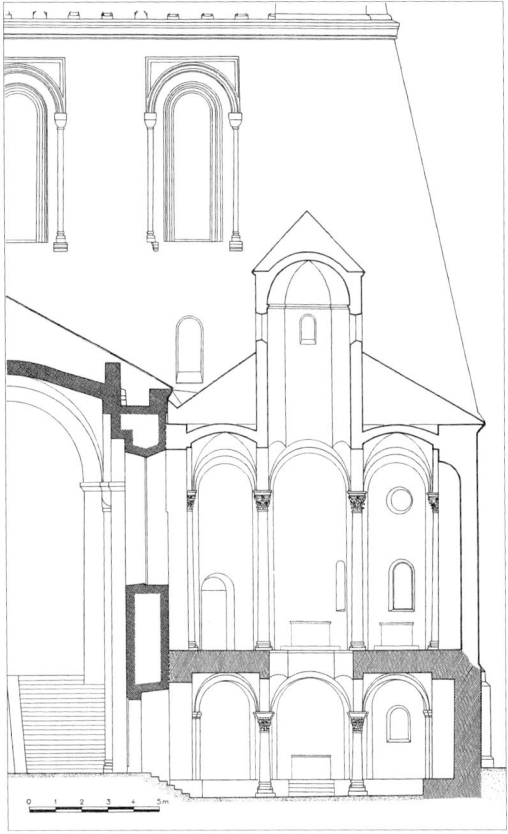

Speyer, Dom. Doppelkapelle: Querschnitt (im Obergeschoss rekonstruiert) nach Osten

Speyer, Dom. Blick von Südwesten auf die Ostteile mit der heute freiliegenden, ursprünglich in die abgegangenen Klausurgebäude eingefügten Doppelkapelle SS. Emmeram/ Martin und Katharina

Speyer, Dom. Doppelkapelle: Innenansicht des 1822 abgerissenen, 1857 verändert wieder aufgebauten Obergeschosses nach Nordosten (nur die vier korinthischen Säulenkapitelle sind Originalbestand des 11. Jahrhunderts). Die Rundbogentür führt in den südlichen Querschiffarm

war durch zwei Seitenschifftüren zugänglich, die den Eingängen der Nordseite genau gegenüber liegen. Seine zweigeschossige Umbauung wies eine entsprechend reduzierte Raumabfolge lediglich am Ost- und Südflügel auf. Dort waren wohl nur noch die Domizellare und zahlreichen Hilfsgeistlichen (Vikare) sowie Scholaren mit gemeinschaftlicher Lebensführung untergebracht. Über diese und weitere Baulichkeiten liegen Erkenntnisse allenfalls durch seltene historische Bild- und Schriftquellen sowie unzulängliche Ausgrabungen vor. Eine Kapelle St. Laurentius am nur gangbreiten Westflügel ist im 13. Jahrhundert bezeugt und wurde 1433 um ein Obergeschoss mit dem Patrozinium des heiligen Goar erweitert. Westlich davon stand neben dem Laienfriedhof mit einem Karner das Haus des „Kreuzherren", der als Pleban am Kreuzaltar des Domes amtierte. Die einzelnen Galerien des Kreuzgangs waren (nach einer Quelle von 1304) hierarchisch differenzierte Bestattungsorte: im Norden für Dignitäre des Kapitels, im Osten für die übrigen Chorherren, im Süden und Westen auch für ausgewählte Laien. Hier tagte ferner das Geistliche Gericht (vergl. den Wormser Domkreuzgang: S. 44).

Das einzige noch aufrechtstehende Bauwerk des hochmittelalterlichen Klausurquadrums ist eine **Doppelkapelle** im Winkel von Langhaus und südlichem Querschiffarm, deren Deutung nicht leicht fällt. Ihre erste Erwähnung mit den Altarpatrozinien St. Emmeram und St. Martin erfolgte schon bald nach Mitte des 11. Jahrhunderts. Der Erwerb von Reliquien des Titelheiligen aus dem bekannten Regensburger Benediktinerkloster wurde sicherlich dadurch erleichtert, dass Kaiser Heinrich III. († 1056) zuvor als Herzog von Bayern in dieser Stadt residiert hatte und ein Neffe

Speyer, Dom. Doppelkapelle: Innenansicht des Untergeschosses nach Nordosten. Der Taufstein und die bei seiner Aufstellung vorgenommene Fußbodenabsenkung des mittleren Jochs unter der Gewölbeöffnung sind modernen Ursprungs

des damaligen Ortsbischofs Gebhard war. In Zusammenhang mit Bau II, aber noch vor Ummantelung des südlichen Querschiffarms, entstand dann in den Jahren nach 1080 ein zweigeschossiges Oratorium vom Vierstützentyp. Das würfelförmig rechteckige Bauwerk mit neunjochiger Inneneinteilung auf je vier Stützen in beiden Ebenen (unten Pfeiler, oben Säulen) wird durch eine achteckige Mittelöffnung räumlich miteinander verbunden. Diese war ehemals wie bei der Mainzer St. Godehardkapelle (siehe S. 16 f.) überhöht durch ein gleichfalls oktogonales Türmchen mit Kuppelwölbung. Im Untergeschoss läuft eine steinerne Sockelbank um, nach Westen zum Kreuzgang wurde ein (heute vermauertes) axiales Portal symmetrisch begleitet von zwei Öffnungen (Fensterarkaden oder seitliche Türen?). Das sind Elemente, wie sie für die Kapitelsaal-Architektur seit dem 12. Jahrhundert typisch werden sollten. Eine weitere Tür führt direkt in das südliche Seitenschiff des Doms. Also hatten wohl auch Laien in der Unterkapelle Zutrittsrecht. Aus der mächtigen Ostwand sind unten drei Altarnischen ausgespart, oben nur zwei wegen einer Pforte zum südlichen Querschiffarm. Früher gab es auch einen Durchlass in der Südwand zum angrenzenden Dormitorium im oberen Stockwerk des Klausur-Osttraktes. Durch dessen Abbruch ist der Bau heute auf zwei Seiten freigestellt und musste im 19. Jahrhundert mit neuer Außenwandverkleidung versehen werden. Das 1822 nach Einsturz gänzlich abgetragene obere Kapellengeschoss mit dem Weihetitel der hl. Katharina hat man 1857 ohne seinen Laternenaufbau und abweichend von der originalen Wandstruktur neu errichtet. Immerhin wurden dabei seine steilen Raumproportionen wiedergewonnen und die noch vorhandenen vier originalen Säulenkapitelle übernommen. Welchen Umständen verdankte dieser Kapellenbau seine Existenz? Seine Lage und einige der beschriebenen Bauformen lassen zunächst einmal an einen Kapitelsaal mit sakraler Akzentuierung denken, vergleichbar u.a. der Memorie am Mainzer Domkreuzgang (siehe S. 18 ff.). Funktional entspricht die Passage durch das hochgelegene Katharinenoratorium vom Schlafsaal der Kanoniker (später der Vikare und Stiftsschüler) ins Dominnere und zum Chorgestühl im Kapitelchor der in Worms beobachteten „Nachttreppe". Das scheint eine Episode der Lebensbeschreibung des bekannten Zisterzienserabtes Bernhard von Clairvaux jedoch zu relativieren. Der Heilige war bei seinem Speyer-Besuch zum Jahreswechsel 1146/47 offenbar im Klausurbereich untergebracht und soll nach einer Messfeier in der Katharinenkapelle (*post missae celebrationem in capella, quae dormitorio canonicorum adiacet*) dort Wunderheilungen an teilnehmenden Laien vollbracht haben. Schließlich: Konnte und durfte man durch die zentrale Gewölbeöffnungen visuell oder auditiv am Geschehen in der unteren Emmeramkapelle Anteil nehmen? Etwa an dort abgehaltenen Kapitelsitzungen oder der Memoria zugunsten privilegierter Grablegen (wie vor allem einem Doppelgrab genau vor dem Altar), die leider bislang nicht identifiziert werden konnten? Dafür gäbe es Parallelen z.B. im Chor der Essener Frauenstiftskirche oder der Vierungskrypta des Hildesheimer Doms. Doch grundsätzlich kommt man nicht um den naheliegenden Typenvergleich mit einer Reihe von Palast- und Burgkapellen des Hochmittelalters herum, die bereits in Zusammenhang mit der 1137 geweihten Pfalzkapelle St. Godehard des Mainzer Erzbischofs Erwähnung fanden (siehe S. 17). Vorläufer oder Zeitgenossen des 11. Jahrhunderts kennen wir aus der Pfalz Goslar und vom Bischofspalast im englischen Hereford. Da die salische Lieblingsresidenz Goslar mit der benachbarten Harzburg als Familiengrablege für Heinrich IV. infolge der sächsischen Aufstandsbewegung seit 1074 zunehmend unerreichbar wurde, könnte man die Speyerer Doppelkapelle fast als Ersatz für die in vieler Hinsicht ähnliche Goslarer Liebfrauenkapelle und deren symbolischen Aachen-Bezug interpretieren. Nur steht sie auf der „falschen", nämlich von Bischofs- und Königspalast abgekehrten Klausurseite der Kathedrale. Angesichts der in mittelalterlichen Domstiften wohl weniger streng eingehaltenen Klausurbestimmungen wäre wohl auch eine personell gemischte Nutzung durch Kapitelangehörige und Öffentlichkeit denkbar, vielleicht temporär geschieden. Selbst in dem eben genannten Regensburger Mönchskloster St. Emmeram gab es in der dortigen Konventanlage eine frühromanische St. Benedikt-Kapelle in fast identischer Anordnung neben dem Kapitelsaal, die dennoch bei Herrscherbesuchen der Ottonenzeit eine wichtige Rolle spielte. Daher sei abschließend noch daran erinnert, dass Heinrich IV. als Inhaber des „Königskanonikats" eine Art Ehrenmitgliedschaft im Speyerer Domkapitel beanspruchen konnte und sich dies vielleicht auch in architekturtypologischen Anklängen äußern sollte.

Gemeinsam mit dem salischen Dom entstand auf seiner Nordseite in Höhe des Sanktuariums ein im rechten Winkel quergestelltes **Pfalz**gebäude für König und Bischof (*palatium regis et episcopi*). Dafür spricht schon ein mit den Ostteilen zeitgleicher, früher über einen Verbindungssteg laufender Durchgang von seinem ersten Obergeschoss in den Nordflügel des hochliegenden Querschiffs. Er ist im nördlichen Chorwinkelturm neben dem Ansatz der aufwärts zur Zwerggalerie führenden Treppenspindel noch gut zu erkennen. Ähnlich unprätentiöse Direktverbindungen zwischen Palastaula und Dom gewissermaßen für die werktägliche Nutzung gab es auch in Mainz und Worms (siehe S. 55, dort weitere Vergleichsbeispiele). Bei den früheren Pfalzstiften von Braunschweig und Schwarzrheindorf gegenüber Bonn sind bis heute die zugehörigen Brückenbögen vorhanden, wurden allerdings im 19. Jahrhundert in ihrer Substanz erneuert. Den langgestreckten Speyerer Saalbau des Hochmittelalters hat zu Beginn des 17. Jahrhunderts ein bischöfliches Residenzgebäude ersetzt, dessen 1806 erfolgter Verkauf auf Abbruch sein Ende bedeutete. Einziges verbliebenes Relikt ist ein barocker Strebebogen, der den nordöstlichen Chorwinkelturm des Doms als Widerlager verwendete. Historischen Ansichten zufolge war der romanische Vorgängerbau dreigeschossig. Die östliche Längswand öffnete sich zum

Speyer, Dom. *Kapelle St. Afra: Außenansicht von Nordwesten. Ihre beiden vorderen Joche bilden eine wohl spätmittelalterliche Erweiterung unter Einbeziehung eines Flügels der ansonsten abgegangenen Nordvorhalle („Kleines Paradies"). Deren Umrisslinien deutet eine Pflasterung im Boden an. Am rechten Bildrand das östliche Portal vom früheren „Freithof" ins Nordseitenschiff*

Ufer eines früher dicht vorbeifließenden Rheinarmes auf der obersten Ebene mit Arkaden, die Vierergruppen bildeten. Diese Rhythmisierung ähnelte den Rundbogenreihen der gleichfalls nur aus Bildquellen bekannten Bamberger Bischofspfalz des frühen 11. Jahrhunderts. Wie vermutlich auch in Mainz und Schwarzrheindorf ließ sich durch die formale Nähe des profanen Architekturmotivs zu den auf halbwegs korrespondierender Höhe umlaufenden Zwerggalerien der benachbarten Sakralbauten ein verbindender Gesamteindruck erzielen. In Speyer trat am domseitigen Ende des zweiten Saalbau-Obergeschosses eine auf halbkegeligem Sockel auskragende Apsidiole nach Osten vor. Sie war mit breiten, von Schlitzfensterchen durchbrochenen Lisenen und einem Rundbogenfries geschmückt (Abb. S. 61). Diese Einzelformen stammten möglicherweise erst von einem Umbau des mittleren 12. Jahrhunderts. Jedenfalls werden dadurch Vergleiche mit Kapellenerkern der Stauferzeit im Wehrbau- und Profanbereich nahegelegt, z.B. am Kapellenturm der Naumburger Ägidienkurie, der Lobdeburg bei Jena, der elsässischen Burg Landsberg und der Wildenburg im Odenwald. Die Altarnische gehörte zu einem bischöflichen Privatoratorium, das dem Erzengel Michael geweiht war (*altare s. Michaelis in palatio*). Ein darunter in der Außenwand sitzender vergitterter Oculus könnte als Hagioskop auf gleichfalls dort lokalisierbare Schatzkammer- und Archivfunktionen hindeuten, wie sie im Bereich der Amts- und Wohnräume eines Kirchenfürsten gut vorstellbar wären. Bedenkenswert erscheint auch die Annahme einer zeitweiligen Aufbewahrung von Teilen der Reichskleinodien, die man 1065 vom salischen Hauskloster Limburg a.d. Haardt nach

Speyer, Dom. Kapelle St. Afra: Innenansicht nach Osten. In der Außenwand des 2. Joches ein Oculus unterhalb der Fensterzone, gegenüber ein rundbogiges Stufenportal ins nördliche Seitenschiff mit innenseitigem Balkenriegel

Speyer, Dom. *Nordarm der Krypta, Blick nach Nordosten. Der Stipes des äußeren (linken) Altars (Weihetitel SS. Simon u. Juda) befindet sich noch im Originalzustand des 11. Jahrhunderts*

Speyer gebracht hatte. Derartige Obergeschosskapellen besaßen u.a. auch die Pfalz am Wormser Dom (siehe S. 43) sowie der in den 1160er Jahren neugebaute Palast des Kölner Erzbischofs. Als eigentliche, der topographischen Situation von Worms und Goslar nahekommende Speyerer Pfalzkirche wird man jedoch die in geringer Entfernung am Nordrand des „Freithofes" innen vor die Stadtmauer gebaute St. Nikolauskapelle ansprechen können. Wahrscheinlich war sie identisch mit einer 1146 erwähnten *capella regis*. Bildlich überliefert ist ein kleiner Saalbau der späten Stauferzeit mit polygonaler Apsis, im 15. Jahrhundert um ein südliches Nebenschiff erweitert. Hinsichtlich ihrer Funktion und Lage an dem für die städtische Verfassungsgeschichte bedeutsamen Versammlungsplatz der Einwohnerschaft glich sie der Stephanskapelle in der Wormser Domimmunität.

Auf diesen Platz vor der Pfalzaula führte das zweitwichtigste Außenportal des Domes aus der Osthälfte seines nördlichen Seitenschiffs. Die Si-

Speyer, Dom. Östlicher Kreuzarm der Krypta, Blick nach Osten auf den (modern erneuerten) St. Ägidienaltar vor der Apsidiole. Im Vordergrund geradwandiges Taufbecken mit Vierpass-Grundriss bei einbeschriebenem Quadrat, aus einem einzigen Sandsteinquader gemeißelt (abgesehen von neuzeitlichen Ausbesserungen). Durch die mit Stöpsel verschließbare Abflussöffnung in seinem Boden konnte das eingefüllte Wasser anschließend in der Schotterfüllung eines darunter festgestellten Hohlraumes versickern. Ein nach Größe und Form vergleichbares Vierpassbecken aus Stuck, datierbar ins 10. Jahrhundert, wurde in der Stiftskirche St. Servatius zu Quedlinburg ergraben und mit der Taufe von Angehörigen des ottonischen Herrscherhauses in Verbindung gebracht

Seite 72:
Speyer, Dom. *Blick von Norden auf die Stirnwand des nördlichen Querschiffarms und den nördlichen Chorwinkelturm*

Seite 73:
Speyer, Dom. *Innenansicht des nördlichen Querschiffarms, Blick von Südwesten*

tuation entsprach den schon erläuterten Verhältnissen in Mainz mit Einschränkungen (dort wie auch am vorgotischen Kölner Dom fielen jedoch Palast- und „Stadtseite" zusammen), dagegen recht genau in Worms und Bamberg. Dem Speyerer Nordostportal war eine galerieartige, nach außen in Drillingsarkaden aus Säulchen geöffnete Eingangshalle von fünf Jochen Länge vorgelagert. Sie wurde zur Unterscheidung vom westlichen Haupteingang des Doms mit einer auch sonst bei Atrien und Kirchenvorhöfen geläufigen biblischen Analogie „Kleines Paradies" genannt. Ihr Mitteljoch in Höhe des Portals trat rechtwinklig in T-Form nach Norden vor und war mit Giebelfront und seitlichen Konchen ausgestattet. Der Bautypus ist u.a. vom ottonischen Halberstädter Dom und den hochmittelalterlichen Stiftskirchen in Essen, Bonn und Meschede her bekannt. Wie dort kommen die Nischen als Aufstellungsort vermutlich mobiler Thronsitze bei Rechtshandlungen in Frage und unterstreichen noch den offiziellen Charakter des Seitenportals. So liegt es nahe, dass vom Palast ausgehende feierliche Einzugsprozessionen des Bischofs und seiner hochrangigen Gäste diesen Zugang ins Gotteshaus wählten. Einen integrierten Bestandteil des Kleinen Paradieses bildete früher die nach den Zerstörungen von 1689 allein weitgehend erhalten gebliebene St. Afrakapelle im nördlichen Winkel von Querschiff und Langhaus. Wie ihre in der Mauerverstärkung der Westwand des Nordquerschiffarms ausgesparte Altarnische beweist, wurde sie in einem Zuge mit der Ummantelung der Ostteile des Doms bald nach 1080 begonnen. Ursprünglich bestand sie nur aus zwei Jochen. Die Vergrößerung auf doppelte Länge erfolgte zu einem unbekannten Zeitpunkt des späteren Mittelalters auf Kosten der Vorhalle durch Versetzen der westlichen Trennmauer. Dabei wurden die vorher offenen Dreibogenstellungen der beiden nun einbezogenen Joche zu geschlossenen Außenwänden umgestaltet. Wie im Untergeschoss der südseitigen Doppelkapelle gibt es an den Längswänden gemauerte Sockelbänke, auf denen hier vorgelegte Freisäulen als Träger der (rekonstruierten) Kreuzgewölbe stehen. Das Patrozinium der Kapelle scheint auf eine besondere Vorliebe Kaiser Heinrichs IV. für die 1064 in Augsburg aus ihrem Bodengrab erhobene Heilige hinzudeuten. Er bemühte sich nämlich bereits 1076 um Partikel ihrer Gebeine zur Reliquienausstattung von ihm geförderter Kirchenbauten, z.B. einer in seinem Beisein geweihten Kapelle der Benediktinerabtei Klosterneuburg. Infolge einer seltsamen Koinzidenz war Afra auch die Heilige seines Todestages am 7. August 1106 in Lüttich, wo er auf der Flucht vor seinem rebellischen Sohn und Nachfolger Heinrich V. verstarb. So verwundert es kaum mehr, dass der exkommunizierte alte Kaiser fünf Jahre lang eine provisorische Ruhestätte in eben diesem damals zwar baulich weitgehend vollendeten, aber noch ungeweihten Annexraum fand. Die Umbettung des Leichnams in die Herrschergrablege des Speyerer Doms wurde erst 1111 nach päpstlicher Aufhebung des Banns vollzogen, und zwar demonstrativ ebenfalls am St. Afra-Fest. Seiner Typenzugehörigkeit nach zählt das Oratorium zu den Kapellenbauten an Atrien und Kirchenvorhallen, die u.a. auch als Asylort und Versammlungsstätte des Geistlichen Gerichts dienen konnten. Dazu würde passen, dass die Kapellenpforte zum Seitenschiff durch einen Balkenriegel von innen her verschließbar ist. Als Vergleichsbauten seien in Köln der zur Südvorhalle des Alten Domes gehörende St. Nikolausaltar genannt sowie eine Kapelle gleichen Patroziniums an der Nordvorhalle von St. Maria im Kapitol, eine weitere mit dem Weihetitel St. Michael in Regensburg ebenfalls am stadtseitigen nördlichen Vorhof der Abteikirche St. Emmeram. Unklar bleibt bei der Speyerer Afra-Kapelle die anfangs geplante Funktion eines in der Außenwand noch unterhalb der Fenstersohlbänke auffallend niedrig angeordneten Oculus. Da die sonst naheliegende Deutung als Ewiges Licht-Öffnung auf einen angrenzenden Friedhof hier ausscheidet, könnte man noch am ehesten an ein Beichtfensterchen denken. Offensichtlich erscheint hingegen seine sekundäre Umnutzung in den Jahren 1106 bis 1111 als ideelle oder sogar haptische Kommunikationsmöglichkeit der zahlreichen Anhänger des gebannten Kaisers mit dessen vorläufig dort untergebrachtem Sarkophag. Hierzu kam es ungeachtet aller Gegenmaßnahmen des damaligen papsttreuen Bischofs, der als Parteigänger Heinrichs V. gewiss auch das Verschließen des interimistischen Gruftraums anordnete. Zeitgenössische Quellen berichten aber dennoch über magische, quasi paraliturgische Praktiken der Bevölkerung, die sich mittels unerlaubt (vielleicht durch den Oculus?) beschaffter Berührungs-„Reliquien" Teilhabe am fortdauernd wirkmächtig empfundenen Königsheil des Verstorbenen sichern wollte.

Wir beginnen unseren Rundgang durch das Dominnere in der 1041 geweihten **Krypta**. Sie hat ihr ursprüngliches Erscheinungsbild bis auf die 1689 eingestürzten und anschließend exakt wiederhergestellten Kreuzgratgewölbe, getragen von stämmigen Säulen mit Würfelknäufen, nahezu unverändert bewahren können. Zunächst war nur der Ostflügel unter dem Sanktuarium vorgesehen, doch kam es noch während der ersten Dombauphase zur Ausdehnung über die gesamte Fläche von Vierung und Querschiffarmen. Jedes der hinzugefügten Raumkompartimente, durch Pfeilerpaare und breite Scheidbögen optisch voneinander getrennt, ist etwa quadratisch und besteht aus drei mal drei Jochen – nur der apsidial geschlossene Ostflügel erweitert sich dementsprechend halbkreisförmig. Vier zusätzliche Freisäulen bilden eine ziboriumartige Einfassung des rangersten Kryptenaltars St. Ägidius mit vertikalem Bezug zum darüber befindlichen Hochaltar in der Hauptapsis. Auf der Längsachse nach Westen folgen bei jeweils einem Joch Abstand ein monolithes steinernes Taufbecken mit glatten senkrechten Wänden (Abb. S. 71) sowie ehemals der Petrus und Paulus geweihte zweitwichtigste Kryptenaltar. Seinen Abmessungen nach entspricht das Taufbecken (Gesamtdurchmesser im Scheitel der gegenständigen Konchen 168 cm, innere Beckenrandhöhe 52–55 cm) der Größe einer Sitzbadewanne. Somit wäre es geeignet gewesen für die Praxis der *immersio* (Untertauchen) eines Täuflings im Kindes- und selbst noch Erwachsenenalter, erst in den nachfolgenden Jahrhunderten allmählich verdrängt durch die *infusio* (Übergießen). Hier vollzog der Bischof in der Osternacht auch die Weihe des Taufwassers und der heiligen Öle für die gesamte Diözese – die Speyerer Domimmunität hatte ja kein eigenes Baptisterium (wie in Worms, siehe S. 44 f.) oder eine Nebenkirche als traditionellen Taufort (wie in Mainz, siehe S. 11). Vom liturgischen Jahreskalender des Mariendoms besonders hervorgehoben, stand der Kryptenaltar der Apostelfürsten wahrscheinlich im zentralen Ostjoch des mittleren Raumquadrates unter der Vierung, wo er im 19. Jahrhundert entfernt wurde. Hingegen besitzen die beidseitig je drei Nebenaltäre vor den Nischen der Querarm-Ostwände noch ihren würfelförmig gemauerten, freistehenden Stipes, zum Teil im Originalzustand der Erbauungszeit. Diese auffallend reiche Ausstattung der Krypta mit Altarstellen lässt sich als im Planungsprozess frühzeitig festgelegte liturgische Schwerpunktbildung verstehen. Daher ist die ungewöhnliche Größe der Unterkirche keineswegs nur im bautechnischen Sinne als notwendige Substruktion für das etwa 3,50 m über Langhausniveau liegende Chorpodium zu erklären. Aufgesucht werden konnte die Krypta auch und gerade von Laien: anfangs im Bauabschnitt I durch Treppenabgänge aus dem Mittelschiff in eine bereits wenig später wieder aufgegebene und zugeschüttete Vorkrypta (rekonstruiert 1961), seit den 1040er Jahren dann über bis heute genutzte Seitenschifftreppen in die Querarme. Was war dort das Ziel der Gläubigen? Schließlich gab es keine Confessio mit einem besonders verehrungswürdigen Heiligengrab als Anziehungspunkt für Pilger. Bestimmte Patrozinien der Nebenaltäre verweisen auf Beziehungen und direkte Einflussnahme der herrscherlichen Mäzene. So erinnert der Weihetitel SS. Simon und Juda an die Stiftskirche der von Kaiser Heinrich III. bevorzugten Pfalz Goslar. Denkbar erscheint vor diesem Hintergrund eine allerdings erst nachträglich herbeigeführte Nutzungsabsicht als zentraler Bestattungsort für ungekrönte Familienangehörige der salischen Dynastie. Sie wäre dann seit den 1070er Jahren getrennt von der Königsgrablege am Ostende des Mittelschiffs (s.u. S. 86 ff.) angelegt worden, die den Regenten und ihren Gemahlinnen vorbehalten blieb. Dafür könnten Überführungen von Brüdern und Kindern Heinrichs IV. aus Goslar als

Speyer, Dom. *Blick durch die Vierung in den nördlichen Querschiffarm. Unter dem Vierungsturm, wo heute der moderne Hochaltar steht, befand sich früher der Kapitelchor mit dem Gestühl der Kanoniker. Er war vom Mittelschiff durch einen Lettner und gegen die Kreuzarme mit übermannshohen Chorschranken abgesondert*

Speyer, Dom. *Innenansicht der Nordostecke des nördlichen Querschiffarms: Apsis des Nebenaltares St. Johannes mit monumentaler Ädikula-Rahmung und die östliche der beiden Kapellennischen in der Querarm-Stirnwand*

früherem salischen Herrschaftsmittelpunkt sprechen, nachdem die politische Lage im Verlauf des Investiturstreits den Plan einer dortigen Familiennekropole obsolet werden ließ. Bezeugt sind die Umbettungen mehrerer Verwandter in den Speyerer Dom, darunter eines in jugendlichem Alter verstorbenen Kaisersohns aus der 1074 von aufständischen Sachsen zerstörten Stiftskirche der Harzburg. Zu überprüfen wäre vor allem eine Kryptenbestattung in ausgezeichneter Position, nämlich axial hinter dem Hauptaltar (*post altare*) in der Apsis. Dieses Vorrecht stand eigentlich nur Heiligen zu und wurde hier vielleicht ausnahmsweise der ältesten, offenbar besonders geliebten Tochter Adelheid († 1076) eingeräumt. Noch 1101 erfolgte eine väterliche Memorialstiftung *pro anima filie nostre Adelheith in Spirensi cripta sepulta*. Andere Altartitel machen enge Kontakte zu süddeutschen Klöstern (z.B. St. Gallen) deutlich, wie schon angesichts der Afra-Reliquien aus Augsburg bemerkt wurde. Auch ein jüngst unternommener Versuch historisch-theologischer Ausdeutung der Altardisposition durch Verknüpfung bestimmter Krönungs- und Sterbedaten von Angehörigen der Saliersippe mit den jeweiligen Tagesheiligen erweist sich als aufschlussreich.

Die Ostteile des Doms mit ihrer annähernd einheitlichen Laufebene auf dem Rücken der Kryptengewölbe untergliedern sich in Sanktuarium, Vierung und Querschiffarme. Bereits durch den auffallenden Höhenversprung zum Langhaus war dieses vierteilige Podium beträchtlicher Größe deutlich als Bereich des Klerus gekennzeichnet, wirkungsvoll abgehoben von der im Kirchenschiff präsenten Öffentlichkeit. Das hinter dem östlichen Vierungsbogen noch um drei Stufen erhöhte **Sanktuarium** enthielt als wichtigstes liturgisches Zentrum der Bischofskirche in seiner nischenbesetzten Apsisrundung den 1046 der Gottesmutter geweihten Hochaltar. Er wird beschrieben als Kastenaltar, dessen Stipes einen verschließbaren Hohlraum für die sichere Verwahrung von Schatzgut aufwies. Wie eine Nachricht über *crucem pretiosam in altari summo reconditam* zeigt, war hier das von Heinrich III. im Jahre 1047 an den Dom geschenkte kostbare Reliquienkreuz (mit einem Nagel und Holzpartikel vom Kreuz Christi) eingeschlossen, wenn es nicht im Gottesdienst verwendet oder etwa am Todestag des Stifters auf dessen Grabplatte gesetzt wurde. Gleiches galt für ein ebenfalls von diesem Herrscher anlässlich seiner römischen Kaiserkrönung 1046 für Speyer erworbenes Kopfreliquiar des heiligen Papstes Stefan († 257), seither Konpatron des Altars im südlichen Kreuzarm. Die bereits zitierte Vita des 1146/47 am Oberrhein weilenden Abtes Bernhard von Clairvaux erwähnt *capsam magnam in summo altari reconditam, que in festivitatibus summis et in altari et in processionibus supponitur*. 1083 schenkte der byzantinische Kaiser Alexios Komnenos ein goldenes Antependium für den

Speyer, Dom. Nördlicher Chorwinkelturm: Ansatz der Wendeltreppe und ehemals in die Bischofs- und Königspfalz führender Durchgang („Windloch")

Speyer, Dom. Blick durch die Vierung ins Sanktuarium und den nördlichen Querschiffarm. Zu beiden Seiten des barock verstärkten Vierungspfeilers zeichnet sich die Wendeltreppe des nördlichen Chorwinkelturms durch ihre Schlitzfenster ab

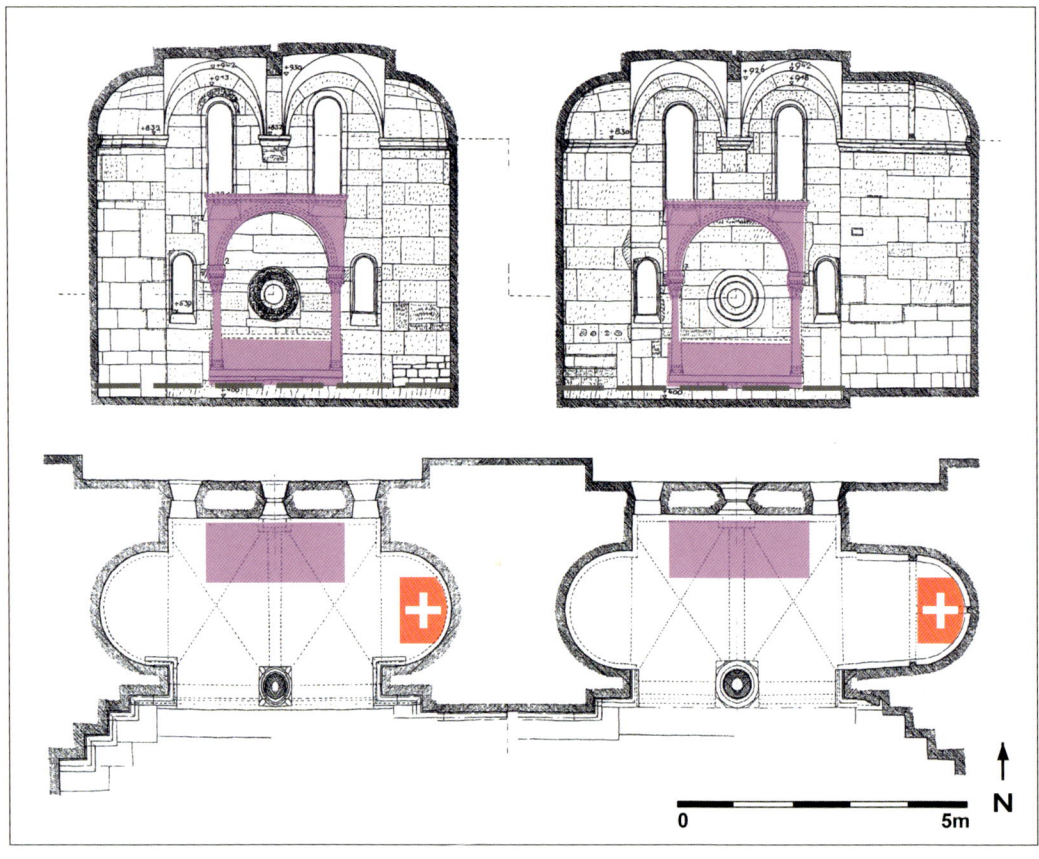

Speyer, Dom. *Kapellennischen in der Stirnwand des nördlichen Querschiffarms: Grundriss und Längsschnitt/Aufriss. Farbig unterlegt die rekonstruierbaren Nebenaltäre und Arkosolgräber*

Hochaltar (*aurea tabula altaris*). Dem spätmittelalterlichen Liber ordinarius zufolge umgaben ihn vier freistehende Velumsäulen nach Art eines Ziboriums, an denen festtags Tücher in den jeweiligen liturgischen Farben aufgehängt wurden. Davor befanden sich ein siebenarmiger Leuchter und ein Lesepult. Wo die bischöfliche Kathedra aufgestellt war, ist nicht eindeutig gesichert: Per Analogieschluss wäre sie mit großer Wahrscheinlichkeit vor der geschlossenen Wandfläche des linken Chorwinkelturms zu lokalisieren. Hierfür in Frage käme eventuell auch die daneben am nördlichen Apsis-Ansatz aus der Mauerstärke ausgesparte, mit einer Doppelarkade zum Chorjoch geöffnete Nische. Sie und ebenso ihr Pendant auf der Südseite dürften jedoch in ihren geosteten Apsidiolen eher Nebenaltäre enthalten haben wie die weitgehend identisch gestalteten Wandnischen des Querschiffs – deren Typus wird uns im Folgenden noch beschäftigen. Unbekannt bleibt ferner die Lage der romanischen Sakristei, zwingend erforderlich in unmittelbarer Nähe zum Sanktuarium. Wahrscheinlich nahm sie bereits den Platz ihres gotischen Nachfolgebaus südlich der Hauptapsis ein und war wie dieser über die Treppenspindel des rechten Chorwinkelturms zugänglich.

Den mittleren Abschnitt des Querschiffs bildet die allseitig von Scheidbögen ausgesonderte **Vierung**, wie in Mainz und Worms nach oben aufsteigend bis zum kuppelartigen Gewölbe des oktogonalen Vierungsturms. Von Gewölbescheitel hing früher ein monumentaler Radleuchter

Speyer, Dom. *Die westliche der beiden Kapellennischen in der Stirnwand des nördlichen Querschiffarms: Innenansicht von Südwesten*

Speyer, Dom. *Die westliche der beiden Kapellennischen in der Stirnwand des nördlichen Querschiffarms. Man erkennt Spuren eines nachträglich wieder abgemeißelten Arkosolgrabes im Quaderwerk*

(*corona magna in choro*) herab, den Bischof Reginbald II. († 1039) gestiftet hatte. Er beleuchtete bei Festgottesdiensten das traditionsgemäß in zwei gegenständigen Sitzblöcken angeordnete Chorgestühl der adeligen Domkanoniker, die hier täglich zu Eucharistiefeier und Stundengebet zusammenkamen. Ihre Zahl betrug im Spätmittelalter dreißig, wobei zehn Pfründen (*praebendes presbyteriales*) sechs Priestern und jeweils zwei Diakonen und Subdiakonen vorbehalten waren. So konnten die gottesdienstlichen Verpflichtungen des Kapitels eingehalten werden. Hinzu kamen durchschnittlich zehn Domizellare und eine größere Zahl von Vikaren (im Spätmittelalter 68), die zumindest an liturgischen Höhepunkten des Kirchenjahres wohl auf weiteren Sitzbänken ihren Platz im Kapitelchor fanden. Zu dessen hochmittelalterlicher Standardausstattung gehörten übermannshohe seitliche Chorschranken, an den östlichen Vierungspfeilern mit verschließbaren Durchlässen zu den Kreuzarmen versehen. Die westliche Querschranke lässt sich als Kanzellettner rekonstruieren, zu dessen Tribüne eine rückwärtige Treppe hinaufführte. Lesepulte vor den zum Hochaltar gerichteten Sedilien des Propstes auf der Süd- und des Dekans auf der Nordseite vervollständigen das Bild des damaligen Chormobiliars. Von besonderem Interesse für die sakrale Binnentopographie sind (wiederum erst aus dem Spätmittelalter überlieferte) Szenen liturgischen Theaters. So wurde am Fest Christi Himmelfahrt eine Statue des Heilands durch das „Himmelsloch" im Gewölbe des

Vierungsturms emporgezogen oder von dort zu Pfingsten brennendes Werg als Sinnbild der Herabkunft des Heiligen Geistes hinuntergeworfen.

In beide **Querschiffarme** mündeten, wie schon beschrieben, Zugänge aus den Obergeschossen angrenzender Gebäude: Auf der Südseite konnten Kleriker ihr Dormitorium durch den Hochraum der Doppelkapelle verlassen und direkt in den Nebenchor der beiden heiligen Stefane (Erzmärtyrer und Papst) gelangen. Gegenüber betraten der Bischof und ein etwa anwesender Herrscher mit ihrem Gefolge aus der Pfalz kommend den nördlichen St. Johanneschor. Die liturgischen Kernbereiche der Vierung mit dem Chorgestühl und des daran anschließenden Sanktuariums waren von dort aus nur durch die kleinen Seitenpforten der Chorschranken erreichbar. Sie wurden wohl bei alltäglichen Einzügen mit geringerem zeremoniellen Aufwand genutzt. An Sonn- und Festtagen erfolgte der feierliche *introitus* durch die Vorhallen sowie aus dem Kreuzgang ins östliche Langhaus.

Hier blieb die Laienbevölkerung zurück. Dann stiegen Geistliche und privilegierte Gäste die doppelten Treppenläufe an den Herrschergräbern vorbei (s.u. S. 88 ff.) zur Vierung hinauf oder gelangten über breite Seitenschifftreppen in die hochgelegenen Nebenchöre. Dort stehen die Hauptaltäre jeweils in einer weit hinaufreichenden Halbkreisnische der Ostwand, ausgezeichnet durch besondere Ädikula-Rahmungen. Deren Erscheinungsbild kann man als zum Innenraum vortretende halbierte Baldachine beschreiben, wobei ihr Horizontalgesims früher durch niedrige Dreieckgiebel bekrönt war. Getragen von schlanken monolithen Freisäulen mit prächtigen korinthischen Kapitellen, erinnern sie formal an etwas jüngere norditalienische Kirchenportale (z.B. der Dome von Parma, Pavia, Modena und Fidenza, der Abteikirchen St. Zeno in Verona und Nonantola) und gehen vielleicht auf gemeinsame Vorbilder der Spätantike zurück. Weitgehende Unklarheit besteht dagegen noch hinsichtlich möglicher Anregungen für die kapellenartigen gewölbten Mauernischen, versehen mit gegenständigen Apsidiolen und zum Kircheninneren geöffnet durch Doppelbögen auf mittlerer Säule. In den Querhaus-Stirnwänden treten sie nun sogar paarweise auf. Die kleinere Nischenvariante des südlichen Kreuzarms begegnete bereits im Sanktuarium. Auf der Nordseite ermöglicht die enorme Stärke der im Bauabschnitt II nach 1080 vorgenommenen Ummantelung erheblich größere Abmessungen. Vergleichbares lässt sich kaum namhaft machen, vielleicht mit einer bezeichnenden Ausnahme: der langobardischen Krönungskirche S. Michele in Pavia, die Kaiser Heinrich IV. und seinem ersten Bauleiter Bischof Benno von Osnabrück († 1088) aus eigener Anschauung bekannt war. Allerdings wird die Nischenkapelle in der dortigen südlichen Querschiffwand wie der ganze Kirchenbau erst ins frühe 12. Jahrhundert datiert. Demnach könnte nur ein hinsichtlich dieser Einzelform identischer Vorgänger der heutigen Paveser Michaelskirche

Speyer, Dom. Mit geometrischen Mustern ornamentierter dachförmiger Sarkophagdeckel eines Bischofsgrabes (Walter † 1031 oder Reginbald II. † 1039?), gefunden im Mittelschiff axial vor der (späteren) Herrschergrablege (Plan S. 62, Nr. 5). Heute in die südliche Seitenschiffwand neben der Pforte zum Untergeschoss der Doppelkapelle eingelassen

Speyer, Dom. *Federzeichnung um 1648 für Kardinal Chigi (später Papst Alexander VII.): In spätgotischen Formen erneuerter Lettner (vermutlich im Kern stauferzeitlich) mit Kreuzaltar, davor die beiden gemauerten Tumba-Blöcke der Herrschergrablege mit beschrifteten Deckplatten*

für Speyer als Modell gedient haben, was aber beim derzeitigen Forschungsstand nicht zu beweisen ist. Auch die Funktionsbestimmung der Speyerer Mauernischen erscheint keinesfalls in allen Punkten gesichert und erfordert eine behutsame Verknüpfung des Baubefunds mit geschichtlichen Daten. Dazu müssen wir etwas weiter ausholen: Bereits die Außenseiten der Querhausgiebel lassen eine wohlüberlegt hochrangige und baukünstlerisch besonders anspruchsvolle Gestaltung erkennen. Das trifft namentlich auf die nördliche, zum „Freithof" und der Pfalz gerichtete Schaufront (Abb. S. 72) zu. Ihre gewaltigen Eckpfeiler und tiefen Fenstertrichter stehen in deutlichem Gegensatz zur blockhaft-flächigen, kaum gegliederten Fassade des Westbaus. Innenseitig wird das Prinzip einer plastischen Durchformung der zweischaligen Mauermasse noch deutlicher wirksam (Abb. S. 73). Ein breites mittleres Mauerband teilt die dreizonig durchfensterte Querarm-Stirnwand in der Vertikalen. Dabei verringert sich die Größe der Lichtöffnungen zunächst leicht von oben nach unten. In den beiden etwas über Fußbodenhöhe liegenden Wandnischen beobachten wir dann ausgesprochen kleinteilige Gruppenbildungen, nämlich je vier in symmetrischer Staffelung um einen axialen Oculus angeordnete Rundbogenfensterchen. Dieses ansprechende Motiv findet sich nur auf der Nordseite, die südlichen Kapellennischen beschränken sich auf eine einzige Fensterzone mit je zwei höheren Öffnungen. Wir haben es demnach mit dem Resultat umfassender, zielgerichteter Planung zu tun, von der sich weitere Spuren an den Längswänden finden. Dort erkennt man konzentrisch zum Oculus bereits ursprünglich dem Quaderwerk angearbeitete, doch später wieder abgemeißelte Blendbögen in rechteckiger Rahmung, die auf Konsolen oder wahrscheinlicher Freisäulchen ruhten. Es handelte sich im Grunde um verkleinerte Wiederholungen der beschriebenen Altarbaldachine. Ihre vorgeschlagene Deutung mittels Analogieschluss ist einleuchtend, da andere Erklärungsversuche (wie z.B. Thronnischen) ohne Parallele wären: Offenbar wurden an dieser Stelle

Speyer, Dom. *Herrschergrablege vor dem Kreuzaltar. Sarkophag Kaiser Heinrichs V. († 1125) von Süden bei seiner Freilegung 1900. Man erkennt rechts das für die Bestattung des letzten Angehörigen der salischen Dynastie abgearbeitete und ehemals mit Ziegelmäuerchen angestückte Fußende (siehe Plan S. 85, Nr. 6)*

zwei aufwändige Arkosolgräber für wandgebundene Sarkophage seit Beginn der Bauphase II vorbereitet, aber möglicherweise später nie belegt und zu einem unbekannten Zeitpunkt wieder sorgfältig beseitigt. Für diesen spätantiken Grabmaltypus lassen sich auch nördlich der Alpen vereinzelt hochmittelalterliche Vergleichsbeispiele benennen, darunter eine Nische im frühromanischen Heiligen Grab der Gernroder Frauenstiftskirche, im Trierer Dom neben anderen das Wandgrab des Kardinals Ivo († 1144) sowie im Alten Kölner Dom das erst um 1200 entstandene Gedächtnismonument des im 9. Jahrhundert verstorbenen Grafen Emundus. Dabei hat vielleicht die Ähnlichkeit mit Wandnischengräbern byzantinischer Kaiser in der Apostelkirche zu Konstantinopel eine Rolle gespielt. Auf deren Vorbild bezogen sich nämlich gewiss die nur schriftlich überlieferten Arkosolgräber des Merowingerkönigs Dagobert I. († 639) in der Abteikirche Saint-Denis sowie Kaiser Karls des Großen († 814) in der Aachener Pfalzkapelle. Einzigartig dürfte hingegen eine in Speyer verwirklichte Kombination mit Miniatur-Oratorien in der Mauerstärke sein, die zusätzlich Nebenaltäre in ihren östlichen Apsidiolen besaßen. Bauarchäologisch nachweisen konnte man dies wiederum nur im Nordquerarm. Auf der Südseite sind immerhin Weihetitel überliefert (leider wie im Norden erst durch spätmittelalterliche Quellen, was Neustiftungen nicht ausschließt). Wie lässt sich dieser singuläre Befund zu den personellen und politischen Verhältnissen der Entstehungszeit in Beziehung setzen? Wir unternehmen im Folgenden einen Erklärungsversuch, der allerdings noch weitgehend hypothetischen Charakter hat und eingehender Überprüfung durch die historische Forschung bedarf. Die von Heinrich IV. veranlasste Um- und Neubauphase II des Speyerer Domes begann in der Zeitspanne zwischen dem Tod des Gegenkönigs Rudolf von Rheinfelden 1080 und dem Aufbruch zur Kaiserkrönung in Rom 1084. Rudolf, gefährlichster Widersacher des salischen Herrschers, wurde von den päpstlichen Parteigängern des Investiturstreits mit bis dahin einzigartiger Prachtentfaltung bestattet. Das Grab im Merseburger Dom bedeckt noch heute eine ehemals vergoldete und edelsteingeschmückte Bronzeplatte mit seinem lebensgroßen Bildnis.

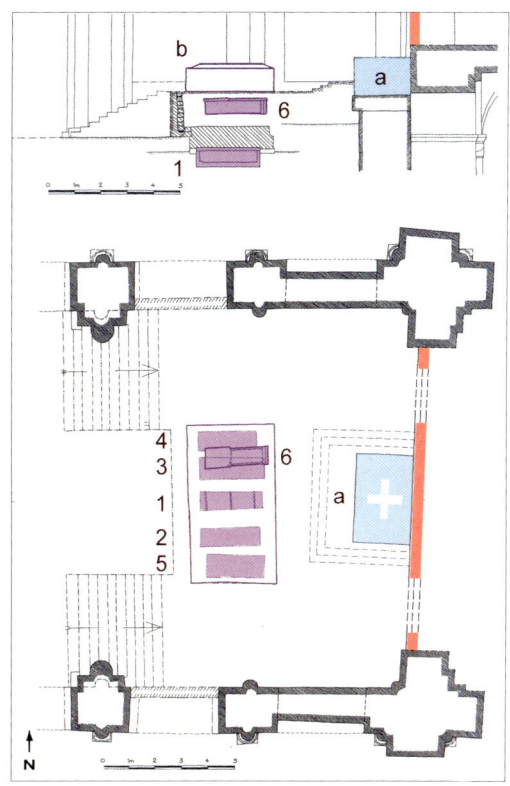

Speyer, Dom. Salische Herrschergrablege vor dem Kreuzaltar (a) an einer Querschranke. Rekonstruktion nach Grabungsbefund von Grundriss und Längsschnitt im Zustand des mittleren 12. Jahrhunderts: 1. Kaiser Konrad II. († 1039) 2. Konrads Gemahlin Gisela († 1043) 3. Kaiser Heinrich III. († 1056) 4. Kaiser Heinrich IV. († 1106, nach Interimsbestattung in der damals noch ungeweihten Kapelle St. Afra wahrscheinlich 1111 hierher überführt) 5. Heinrichs erste Gemahlin Bertha († 1087, in den Speyerer Dom überführt 1090, an dieser Stelle spätestens 1111 beigesetzt) 6. Kaiser Heinrich V. († 1125). Darüber eine massiv gemauerte Tumba mit sechs durch Inschriften gekennzeichneten Grabplatten (b)

Heinrich hat es bei einem seiner letzten Aufenthalte im rebellischen Sachsenland mit eigenen Augen gesehen und angeblich ironisch kommentiert. Dennoch könnte er damals beschlossen haben, bei seiner eigenen Beisetzung nicht mit den vergleichsweise schmucklosen Sarkophagen der bisherigen Speyerer Herrschergrablege vorlieb zu nehmen, sondern in demonstrativer posthumer Konkurrenz für sich und seine erste Gemahlin Bertha ebenfalls ein spektakuläres Gedächtnismal neuartiger Form zu schaffen. Dieses Ehepaar-Doppelgrab befände sich dann abgesondert von den älteren Kaisergräbern vor dem Kreuzaltar, dafür aber in liturgisch auf andere Weise bevorzugter Position. Für den Memorialdienst wären in erster Linie Domherren in ihrem angrenzenden Chorgestühl zuständig gewesen, die sich Heinrich durch großzügige Zuwendungen besonders verpflichtet hatte. Ferner verlief der direkte Einzugsweg aus dem bischöflichen Palast durch den Johanneschor. Wie schon im Kapitelsaal des Mainzer Doms bemerkt (siehe S. 18 f.), kam dies einer dauernden *captatio memoriae* (Aufforderung zum Gebetsgedächtnis) gegenüber dem betroffenen Personenkreis gleich. Vor dem Johannesaltar wurde zudem in der Karwoche ein Zelt als ephemeres Heiliges Grab aufgeschlagen (wie im Bamberger Dom und in der Essener Damenstiftskirche), dessen Nähe auch andernorts prominente Bestattungen aus naheliegenden Gründen einer dadurch sinnfällig gesteigerten Heilserwartung suchten. Schließlich: Kaiserin Bertha verstarb am 27. Dezember 1078, dem Fest des hl. Apostels Johannes. Zunächst im Mainzer Dom beigesetzt, wurde sie 1090 in den Speyerer Dom überführt – vermutlich war der dortige Platz ihrer vorbereiteten Grablege erst jetzt fertiggestellt. Ihr Todesdatum und der Namenstag des Altarpatrons im nördlichen Nebenchor fallen zusammen und bilden möglicherweise ein zusätzliches Argument für unsere Überlegungen. Bekanntlich verlief die weitere Entwicklung jedoch ganz anders. Nach dem Tod Heinrichs IV. im Jahre 1106 musste sein Leichnam bis 1111 in der damals ungeweihten Afrakapelle verbleiben, ehe der Papst die über ihn verhängte Exkommunikation rückgängig machte. Sein ungetreuer Sohn und Nachfolger Heinrich V. veranlasste anschließend die Beisetzung in der salischen Herrschergrablege, und zwar am linken Rand zu Seiten des Vaters Heinrich III., während Berthas Sarkophag an den rechten Rand neben die Kaiserin Gisela (Großmutter ihres Gatten) gerückt wurde. Handelte es sich dabei um eine Umbettung, und wann wäre diese erfolgt: ebenfalls erst 1111 oder doch bereits 1078, oder aus unbekanntem Anlass in den dazwischen liegenden Jahren? Diese Fragen lassen sich einstweilen nicht eindeutig beantworten, doch ist im Zusammenhang mit einer Beschreibung der Herrschergrablege nochmals darauf einzugehen (siehe S. 88 ff.). Hier bleiben zunächst Hinweise zu ermitteln auf Zeitpunkt und Anlass der Zerstörung beider Arkosolien im Nordquerschiff. Wurde dies von Heinrich V. gleichfalls 1111 oder in den Folgejahren angeordnet, um den sepulkralen Sonderwunsch seines Vaters künftig auch materiell zu unterbinden? Oder reservierte der Nachfolger ganz im Gegenteil die nun frei gewordenen Sarkophage für sich und seine Gemahlin Mathilde? Falls das zutrifft, wäre auch diese Absicht gescheitert: Heinrich V. wurde 1125 wie sein Vater, Großvater und Urgroßvater vor dem Kreuzaltar bestattet, die englische Königstochter Mathilde kehrte bald darauf in ihre Heimat zurück. Erst nach dem damit eingetretenen Ende der salischen Dynastie haben dann vermutlich Bischof und Domkapitel von Speyer als verbleibende Entscheidungsträger die Beseitigung der leeren Wandgräber verfügt und fortan alle Mauernischen der Ostteile gleichermaßen als winzige Gottesdiensträume für stille Messen genutzt.

Das **Langhaus** des Speyerer Doms gehört mit seinen enormen Abmessungen (Länge 72 m, Höhe 32 m, Mittelschiffbreite 14 m) zu den größten jemals errichteten Innenräumen der Romanik. Erstaunlicherweise beherbergte es noch im Hochmittelalter nur einen einzigen Altar, an dem Pfarrgottesdienste und Seelenmessen gefeiert wurden: den Kreuzaltar vor dem westlichen Vierungsbogen. Er kam in Bau I allerdings an dieser Stelle erst zur Aufstellung, nachdem man die Kryptenabgänge in die Seitenschiffe verlegt hatte. Die hinter ihm verlaufende Querschranke wird bereits anlässlich der Domweihe 1061 erwähnt, als Bischof Eginhard II. das von Kaiser Otto III. geschenkte Triumphkreuz auf einem darüber angebrachten Bogen befestigen ließ (*arcum in ambone chori sub magna cruce positum fieri fecit*). Wohl während der Stauferzeit wurde die halbhohe Schranke von einem Lettner mit ziboriumartig vortretender Kanzel abgelöst, dessen Gestalt man anhand einer Zeichnung des 17. Jahrhunderts noch in etwa erschließen kann (Abb. S. 83). Davor am östlichen

Speyer, Dom. Blick aus der Vierung über das Podium der Herrschergrablege (modern aufgehöht, die heutige Anordnung der darunter liegenden Sarkophage auf dem Fußboden markiert) ins Mittelschiff. Im Hintergrund das westliche Hauptportal mit gestuftem Gewände und die große Arkade der Westempore

Speyer, Dom. *Hochgelegene, beidseitig durch Balkenriegel verschließbare Zelle in Mauerstärke über dem Seitenschiffbogen der Westwand des Nordquerschiff-Obergadens, dicht neben dem nordwestlichen Vierungspfeiler (Glöckner- und Wächterkammer?, später Orgelstandort)*

Ende des Mittelschiffs entwickelte sich in mehreren aufeinanderfolgenden Planungsschritten die salische Herrschergrablege. Zunächst nahm das Familienkloster Limburg a.d. Haardt die ungekrönten Angehörigen der neuen Dynastie auf, so die 1038 verstorbene Gunhild, Gattin Heinrichs III. Beim Tode seines Vater Kaiser Konrad II. 1039 war das Langhaus noch Baustelle, so dass der Sarkophag durch Eisenbänder gegen Grabraub geschützt werden musste. Er erhielt seinen Platz über einem axialen Erdblock zwischen den damaligen Treppenläufen hinunter in den mittleren Vorraum der Krypta. Vielleicht befand sich auf dessen Wölbung, also etwa 3 m höher, bereits ein Vorläufer des Kreuzaltars für die Feier des Totenoffiziums. Sicht- und Hörverbindung zum Krypteninneren

bestand damals noch durch später verschüttete seitliche Sechseckfenster in deren Stirnwand. Links und rechts in symmetrischer Anordnung schlossen sich die Sarkophage von Konrads Gattin Gisela († 1043) und seinem Sohn Heinrich III. († 1056) an. Nach Verlegung der Treppen nahm die salische Herrschersepultur leicht in den Fußboden eingetieft fast die ganze Mittelschiffbreite ein und reichte bereits dreieinhalb Arkadenstellungen weit nach Westen. Auf ihrer Längsachse fand sich in gehörigem Abstand der Sarkophag eines am Anfang der Baumaßnahmen amtierenden Bischofs (Walter, † 1031 oder Reginbald II., † 1039) mit ausnahmsweise reich ornamentiertem Deckel. Über dem später wohl in Vergessenheit geratenen Grab stand ab 1303 der St. Anna-Altar. Der nächste Zustand des Saliermonuments wird im frühen 12. Jahrhundert fassbar, als man 1111 die Steinsärge von Heinrich IV. und (vermutlich erst jetzt) seiner Gattin Bertha beidseitig außen anfügte. Eine hypothetische ältere Planung kam schon zur Sprache (siehe S. 85 f.). Damit war die zur Verfügung stehende Breite der Anlage allerdings erschöpft, denn entlang der Mittelschiffspfeiler musste noch Platz für die beiden Durchgänge zur Vierung verbleiben. Außerdem saßen hier auf zwei parallelen Bankreihen die „Stuhlbrüder". Diese Korporation aus 12 verheirateten Laien hatte neben Küsterdiensten vor allem die tägliche Gebetsfürsorge an den Herrschergräbern zu gewährleisten. Die Bruderschaft wurde wahrscheinlich bereits damals ins Leben gerufen, ist jedoch erst im 13. Jahrhundert schriftlich bezeugt. Dennoch traf Heinrich V., auf den diese Regelungen zurückgehen, erkennbar keine bauliche Vorsorge für einen eigenen Grabplatz im „Königschor" oder *chorus sanctae crucis*. Das kann vielleicht als Bestätigung unserer oben geäußerten Vermutung gelten, er habe (letztlich ohne Erfolg) die beiden Arkosolgräber im Nordquerarm für sich und seine Gattin Mathilde beansprucht. Als er 1125 starb, hat man deshalb offenbar in aller Eile auf die ältere Grabreihe eine etwa 160 cm starke Erdschicht nur für seinen Sarkophag angeschüttet, der darin nach Norden aus der Achse gerückt oberhalb seines Vaters und Großvaters eingesenkt wurde. Falls damit eine Missachtung seines letzten Willens zum Ausdruck kommen sollte, ging dies möglicherweise

Speyer, Dom. Ins Dominnere mit gestuftem Bogen geöffnete Kammer über dem Seitenschiffbogen in der Westwand des nördlichen Querschiffarms: Grundriss in Höhe der Balkenkanäle und Längsschnitt

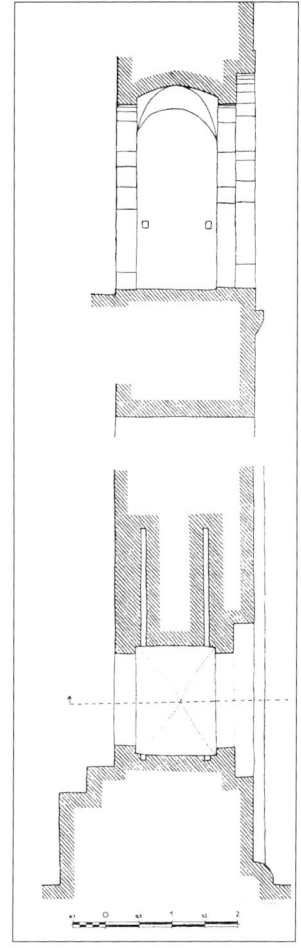

auf Verärgerung der Domkanoniker über ausbleibende finanzielle Förderung durch den letzten salischen Kaiser zurück. Eine gewisse Geringschätzung macht bereits die improvisiert wirkende Art seiner Beisetzung in einem zweitverwendeten römischen Steinsarg deutlich. Dieser war nämlich für den vom Sterbeort Utrecht nach Speyer überführten Leichnam zu klein und musste daher am kurzerhand abgemeißelten Fußteil durch ein Mäuerchen aus Ziegeln angestückt werden (Abb. S. 84). Daraus kann man wohl auch auf die Beendigung der Arbeiten am Dombau II schließen, weshalb vor Ort keine aktive Bauhütte mehr für eine rasche Neuanfertigung verfügbar war. Der Kreuzaltar wurde damals gleichfalls entsprechend höher gelegt. Von jetzt an führten von Westen zwei Treppen mit je zehn Stufen auf dieses mittlere Laufniveau zwischen Langhaus und Chorpodium. Spätestens seit dem mittleren 12. Jahrhundert erhob sich hier ein kollektiver, massiv gemauerter Kenotaph („Saliertumba") mit kassettierten Seitenwänden, deren Füllungen wie bei zeitgleichen Chorschranken aus Schiefer oder Marmor bestand. Darauf lagen sechs Bronzeplatten mit Namensangaben und Todesdaten von vier Kaisern und zwei Kaiserinnen des salischen Hauses. Ihre gemeinsame Grabinschrift bestand aus dem Distichon *Filius hic/pater hic/avus hic/proavus iacet istic/ hic proavi coniunx/hic/Henrici senioris* (Hier [ruht] der Sohn, hier der Vater, hier der Großvater, dort der Urgroßvater, hier des Urgroßvaters Gattin, hier die des älteren Heinrich). Damit war Heinrich IV. gemeint, denn Heinrich V. wird noch als Sohn bezeichnet. Somit dürfte die Inschrift bald nach 1125 entstanden sein. Schließlich kam es zu einer nochmaligen Verlängerung des Plateaus nach Westen durch die Beisetzung staufischer und spätmittelalterlicher Herrscher in der oberen Erdschicht. Darüber befand sich eine weitere Gemeinschaftstumba in jüngerer Formensprache, mit umlaufenden Blendarkaden. Unterirdisch schloss sich ähnlich wie im Wormser Dom noch eine zusätzliche Grabreihe aus fünf Särgen an. Vier davon bargen die Gebeine von Speyerer Bischöfen des frühen 13. Jahrhunderts. Das Ganze war seitlich durch niedrige Schranken eingefasst, von denen Fragmente mit salierzeitlichem Rahmenprofil erhalten sind. Über den Herrschergräbern brannten ständig Ampeln, auf ihre Deckplatten wurden an Anniversartagen Teppiche gelegt und Reliquiare gesetzt. In diesem Zustand verblieb die Anlage bis zur Zerstörung 1689 durch die Franzosen, deren Grabraub sich zum Glück auf die oberen Sargreihen beschränkte. Nach archäologischen Untersuchungen im Jahre 1900 erbaute man 1902 die heutige Gruft und machte sie von der Krypta aus zugänglich. 1961 erfolgte eine Teilrekonstruktion der im 11. Jahrhundert aufgegebenen Vorkrypta. Darüber befindet sich seither ein leeres Podium, in dessen Plattenboden moderne Namensinschriften eingelassen sind. Vor dem Königschor wurde im Spätmittelalter als wichtigstes Austattungsobjekt des Langhauses die berühmte Marienstatue (*Patrona Spirensis*) zur Verehrung durch Stadtbewohner und zahlreiche Pilger auf dem St. Annen-Altar ausgestellt. Hier gab es ein 1256 neu gestiftetes Ewiges Licht. Ursprünglicher Platz des Gnadenbildes war aber wohl an Marienfesten der Hochaltar und sonst die Schatzkammer. Später wurde es durch eine gotische Statue ersetzt, die 1794 zugrunde ging.

Vom einstigen Königschor fällt der Blick wie früher durchs Mittelschiff auf das monumentale, beidseitig fünffach gestufte Hauptportal in der 6 m starken Trennwand zwischen Langhaus und **Westbau**. Deren enorme Mauermasse nahm auch die beiden von den Seitenschiffen her zugänglichen Wendeltreppen auf. Sie führen großzügig dimensioniert mit bequemen Stufen hinauf zum Emporengeschoss und in die Westtürme. Der mittlere Emporenabschnitt ist in voller Höhe durch einen riesigen Bogen mit dem Kircheninneren verbunden. Hingegen stehen die auf gleicher Ebene liegenden Querflügel mit ihren früheren Doppelgeschossen dazu im rechten Winkel und kommunizierten durch Zwillingsarkaden vornehmlich mit dem hochgelegenen Hauptraum. Darunter erstreckt sich die querrechteckige Vorhalle („Großes Paradies") mit ihren drei höhenmäßig gestaffelten Ausgängen zum Vorplatz. Alle Teile des salischen Westbaus waren kreuzgewölbt. Über der außenseitig kubisch-blockhaften unteren Zone aufsteigend, öffnete sich der zentrale Achteckturm nicht wie der östliche Vierungsturm nach unten, sondern besaß einen durch das Emporengewölbe abgesonderten Hochraum. Hier hing das aus acht Glocken unterschiedlicher Größe bestehende Domgeläut. Konnte sein zeitlich exakter Einsatz mit gottesdienstlichen Handlungen in den Ostteilen koordiniert werden? Entsprechend den Verhältnissen in Worms und vor allem Mainz (siehe S. 29 f.), gibt es tatsächlich auch im Speyerer Dom Observationsposten für Gehilfen des Sakristans (*campanarii*). Sie befinden sich allerdings ungewöhnlich weit entfernt in den westlichen Hochwänden der Querschiffarme und bedeuten einen längeren Anmarschweg über die volle Länge der Seitenschiffgewölbe von über 70 m. Besonderes Interesse weckt die hochgelegene, außen mit gestuftem Rundbogen hervorgehobene Einblicksöffnung in der Westwand des nördlichen Kreuzarms. Sie ist als kleine Gewölbekammer in der Mauerstärke ausgebildet und besitzt auf beiden Seiten – zum Johanneschor und zum Dachstuhl des Seitenschiffs - tief ins Mauerwerk hineinreichende Kanäle für Balkenriegel. Natürlich sollte ein dort stationierter Beobachter sich damit nicht selbst in der Kammer einsperren, sondern deren Verschlussmöglichkeiten alternativ nutzen: Verfolgte er das liturgische Geschehen am Johannesaltar, im Kapitelchor und Sanktuarium, konnte währenddessen der rückwärtige Türrahmen mit einer durch den Querriegel fixierbaren hölzernen Füllung verschlossen werden. Umgekehrt geschah Gleiches nach Erledigung seines Auftrags mit der äußeren Rahmung, bevor er den Rückweg zum Westbau antrat. Die sinnvolle Vorrichtung erklärt sich

Speyer, heutiger Domvorplatz. *Der „Domnapf"*

Speyer, Dom. *Federzeichnung von 1606 („Kölner Zeichnung"): Ansicht von Südwesten mit romanischem Westbau, „Domnapf" und der 1603 geweihten Jesuitenkirche anstelle der mittelalterlichen Dompropstei*

dabei leicht zwecks Vermeidung des in dieser Gebäudehöhe überaus störenden Durchzugs – nicht umsonst wurde der Verbindungsgang zur Pfalz noch bis in die Neuzeit „Windloch" genannt. Wie in Mainz und Worms werden wir hier erneut an die Kommunikationsbedürfnisse des Kantors von seinem Platz im Chorgestühl aus erinnert. In seiner Rolle als Zeremoniar war er während des Gottesdienstes auf Sichtkontakt auch mit entfernt postierten Glöcknern und Musikern angewiesen. Erst 1503 hat man die betreffende Hochwandöffnung zu einem vorkragenden „Orgel-Chörlein" umgewidmet, das 1821 aufgegeben wurde.

Überprüft man die sakrale Binnentopographie des Speyerer Doms im Vergleich mit seinen beiden Nachbarkathedralen, fällt sofort das hier herrschende funktionale Ungleichgewicht zwischen den Ost- und Westteilen auf, übrigens im Gegensatz zur schon früher erwähnten architektonischen Ausgewogenheit des Bauwerks. Das mag bei einem einpoligen Richtungsbau zunächst nicht verwundern. Es ist aber doch ungewöhnlich, dass der Westbau und die angrenzende Langhaushälfte offenbar im Hochmittelalter so gut wie keine liturgische Ausstattung besaßen – weder Nebenaltäre noch prominente Grabmäler oder andere Kultschwerpunkte, nicht einmal den sonst vielfach üblichen Michaelsaltar auf der Empore. Eine Ausnahme bilden die Gräber der Stuhlbrüder in der Westvorhalle. Doch eben hier befand sich über dem Hauptportal außerdem ein nicht in erster Linie liturgisches, sondern rechtshistorisches Denkmal von hoher Aussagekraft und Bedeutung, nämlich das Freiheitsprivileg Heinrichs V. aus dem Jahre 1111. Bei Gelegenheit der endlich doch erfolgten Beisetzung seines Vaters im geweihten Erdboden des Königschores hatte es der junge Kaiser den Stadtbürgern verliehen und mit vergoldeten Bronzebuchstaben als eherne Urkunde *in ipsius templi fronte* anbringen lassen. Textliche Ergänzungen erfolgten 1182 unter Friedrich Barbarossa. Wie bei dem unter Erzbischof Adalbert I. 1135 auf der Mainzer Willigis-Domtür eingravierten Text (siehe S. 31) handelte es sich um die monumentale Urschrift des Edikts. Daher ist in diesem Fall auch das äußere Erscheinungsbild einer mittelalterlichen Urkunde überraschend genau nachgeahmt worden. Das geschah durch die beigefügte Sitzfigur des kaiserlichen Ausstellers in der charakteristischen Gestalt eines hochmittelalterlichen Thronsiegels sowie die beteiligte Zeugenschar als aufgereihte kleine Reliefs. Anders als in Worms und nur teilweise vergleichbar mit Mainz, ist das außerordentliche Rechtsmal nicht zur Bischofs- und Herrscherpfalz, sondern zur Stadtseite gerichtet. Nicht zuletzt dadurch kommt auch ein bereits angedeuteter grundsätzlicher Paradigmenwechsel hinsichtlich der Memorialverpflichtungen gegenüber dem vom Kirchenbann befreiten alten Kaiser zum Ausdruck. Sie verlagerten sich damals fort vom zuvor stark begünstigten Domkapitel und hin zu der durch seinen Sohn nachdrücklich umworbenen städtischen Bevölkerung. Schließlich wurden die Speyerer Bürger in ihrem Privileg sogar verpflichtet, am Todestag Heinrichs IV. mit Kerzen in den Händen dem Gedenkgottesdienst beizuwohnen und pro Familie einen Brotlaib als rituelle Armenspende aufzubringen. Noch eine weitere Gedankenverbindung stellt sich angesichts der bildlichen Darstellung des thronenden Herrschers in der Westbau-Vorhalle ein. Sie rechnet mit der dadurch gewissermaßen schon angekündigten realen Existenz eines Thronsitzes genau darüber auf der Westempore. Er würde außenseitig hervorgehoben durch das große Westfenster mit auszeichnender Ädikula-Rahmung. Nach innen ergäbe sich durch das Abendlicht eine effektvolle Aureole um den postulierten Ort herrschaftlicher Inszenierung (vergleichbar dem Westchor des Wormser Doms, siehe S. 57 f.). Wir erkennen am Speyerer Dom eine herausragende Manifestation architekturgeschichtlicher Traditionslinien, die sich formal und hinsichtlich ihres Bedeutungsgehalts zurückverfolgen lassen bis zu karolingisch-ottonischen Westwerken und letztlich jenem Thron im Obergeschoss der Aachener Pfalzkapelle, auf dem die deutschen Könige nach ihrer Krönung Platz nahmen. Dass die Speyerer Bischofs- und Königspfalz an den primär liturgisch definierten Ostchor des Doms grenzte und nicht mit dem Westbau verbunden war, widerspricht dieser Einschätzung nicht. Als die Topographie der Domimmunität in der ersten Hälfte des 11. Jahrhunderts festgelegt wurde, galt der sakrale Charakter des Herrschertums ja noch unangefochten und damit ebenso ein angestammter Platz des Königs beim Gottesdienst mitten unter den Klerikern. Parallel hierzu wäre aber im hochmittelalterlichen Speyerer Dom gleichfalls mit mehr profanen, dem „Staatszeremoniell" verpflichteten Versammlungen und Aktionen unter Leitung eines gerade in der Stadt weilenden Regenten zu rechnen. Dafür würde sich ein derart autonomer, mit den doppelgeschossigen Querflügeln auf sein Zentrum konzentrierter Bauteil als Gegenpart einer ebenso deutlich über Langhausniveau liegenden östlichen „Sonderkirche" der Geistlichkeit ausgesprochen gut eignen. Sein Funktions-Schwerpunkt (und eben nicht: Kultzentrum) läge dann im Kernraum des Westbaus auf der oberen Ebene, mit visuellen und akustischen Kommunikationsmöglichkeiten in zwei Hauptrichtungen: Zum einen konnte man von hier aus das als Laienbereich geltende Mittelschiff beobachten, einschließlich des Königschores und dort am Kreuzaltar für verstorbene Angehörige der Dynastie gefeierter Seelenmessen. Zum anderen aber wäre umgekehrt vom Langhaus aus die ungehinderte Wahrnehmung eines an der Emporenbrüstung erscheinenden Herrschers gewährleistet, und damit Huldigungen, Akklamationen, offizielle Verlautbarungen und Ähnliches. Das weitgehende Schweigen zeitgenössischer Schriftquellen hierüber sollte nicht dazu führen, auf entsprechende Erklärungsversuche solcher charakteristischen Raumverhältnisse vorsichtshalber ganz zu verzichten.

Speyer, Dom. Kupferstich von 1756 nach einer Zeichnung des Stadtschreibers P. H. Blum, angefertigt vor dem Teilabbruch des romanischen Westbaus: Innenansicht der mit Grabplatten Speyerer Stuhlbrüder bedeckten Vorhalle („Großes Paradies"), Blick nach Osten auf das romanische Hauptportal. Halbkreisförmig um seinen gestuften Rundbogen angeordnet Reste des 1111 dort mit vergoldeten Bronzebuchstaben präsentierten Stadtprivilegs Kaiser Heinrichs V., um 1182 ergänzt um Bestimmungen, die Kaiser Friedrich Barbarossa dem bestätigten Diplom hinzufügte. Der im 15. Jahrhundert nach einer Brandzerstörung erneuerte, damals nur noch fragmentarisch erhaltene Text befreite die Einwohner der Stadt u.a. von Todesfall-Abgabe und Zoll innerhalb der Mauern sowie weiteren Steuern, verbot Münzverschlechterung und die Beschlagnahmung von Schiffen durch den bischöflichen Stadtherren sowie auswärtigen Gerichtsstand der Bürger. Zur Bekräftigung war der ausdrücklich in dauerhaftem Material öffentlich sichtbar gemachten Urkunde wie ein Thronsiegel das Bildnis des salischen Herrschers mit Krone, Zepter und Reichsapfel beigegeben. Dem Verlauf des Schildbogens konzentrisch folgend wurde die Inschrift gerahmt von wenigstens sechzehn Figürchen, vermutlich den geistlichen und weltlichen Zeugen der kaiserlichen Beurkundung. Die Ausbruchstelle im Bogenscheitel nahm angeblich ein Relief der thronenden Gottesmutter als Patronin der Stadt und des Doms ein

Literaturhinweise

(Zu intensiverem Studium unverzichtbare Standardwerke sind farblich hervorgehoben)

Abkürzungen

AMKG
Archiv für mittelrheinische Kirchengeschichte

BRÜHL 1990
Carlrichard BRÜHL: Palatium und Civitas. Studien zur Profantopographie spätantiker Civitates vom 3. bis zum 13. Jahrhundert. Bd. II: Belgica I, beide Germanien und Raetia II. Köln/Wien 1990

GIERLICH 1990
Ernst GIERLICH: Die Grabstätten der rheinischen Bischöfe vor 1200 (= QAMKG Bd. 65), Mainz 1990

HIRSCHMANN 1998
Frank G. HIRSCHMANN: Stadtplanung, Bauprojekte und Großbaustellen im 10. und 11. Jahrhundert. Vergleichende Studien zu den Kathedralstädten westlich des Rheins (= Monographien zur Geschichte des Mittelalters Bd. 43), Stuttgart 1998

MHVP
Mitteilungen des Historischen Vereins der Pfalz

MÜLLER 1975
Wolfgang MÜLLER: Urkundeninschriften des deutschen Mittelalters (= Münchener Historische Studien, Abteilung Geschichtl. Hilfswissenschaften Bd. 13), Kallmünz/Opf. 1975

MZ
Mainzer Zeitschrift

PH
Pfälzer Heimat

QAMKG
Quellen u. Abhandlungen zur mittelrheinischen Kirchengeschichte

SCHIEFFER 1976
Rudolf SCHIEFFER: Die Entstehung von Domkapiteln in Deutschland (= Bonner Historische Forschungen Bd. 43), Bonn 1976; Nachdruck 1982

Staufer u. Italien 2010
Die Staufer und Italien. Drei Innovationsregionen im mittelalterlichen Europa [Katalog der Ausstellung Mannheim 2010/2011] Hg. v. Alfried Wieczorek/Bernd Schneidmüller/Stefan Weinfurter. Bd. 1: Essays; Bd. 2: Objekte. Mannheim/Darmstadt 2010

STREICH 1984
Gerhard STREICH: Burg und Kirche während des deutschen Mittelalters. Untersuchungen zur Sakraltopographie von Pfalzen, Burgen und Herrensitzen. 2 Bde. (= Vorträge u. Forschungen, Sonderbd. 29/I-II), Sigmaringen 1984

VON WINTERFELD 1993
Dethard VON WINTERFELD: Die Kaiserdome Speyer, Mainz, Worms und ihr romanisches Umland. Würzburg 1993

VON WINTERFELD 2003
Dethard VON WINTERFELD: Meisterwerke mittelalterlicher Architektur. Beiträge und Biographie eines Bauforschers. Festgabe für Dethard von Winterfeld zum 65. Geburtstag. Hg. v. Ute Engel/Kai Kappel/Claudia Annette Meier. Regensburg 2003

Vorromanische Kirchen 1966–71/1991
Vorromanische Kirchenbauten. Katalog der Denkmäler bis zum Ausgang der Ottonen. Bearb. v. Friedrich OSWALD/Leo SCHAEFER/Hans Rudolf SENNHAUSER. München 1966–71; Nachtragsband bearb. v. Werner JACOBSEN/Leo SCHAEFER/Hans Rudolf SENNHAUSER. München 1991

WG
Der Wormsgau

Zeit der Staufer 1977
Die Zeit der Staufer. Geschichte – Kunst – Kultur. Katalog der Ausstellung im Württembergischen Landesmuseum, 4 Bde.; Bd. I: Katalog. Hg. v. Reiner Haussherr. Stuttgart 1977

ZGO
Zeitschrift für die Geschichte des Oberrheins

Zur allgemeinen Einführung in das Thema der Wechselbeziehungen zwischen Architektur und Liturgie während des Mittelalters eignet sich der Sammelband:
Heiliger Raum. Architektur, Kunst und Liturgie in mittelalterlichen Kathedralen und Stiftskirchen. Hg. v. Franz Kohlschein/Peter Wünsche (= Liturgiewissenschaftliche Quellen u. Forschungen Bd. 82), Münster 1998. Er enthält auch eine ausführliche Bibliographie (S. 243–377), mit deren Hilfe weitere Veröffentlichungen zu allen diesbezüglichen Einzelfragen und Objekten bequem auffindbar sind. Über Standorte und Funktionen des liturgischen Mobiliars in mittelalterlichen Sakralbauten informiert summarisch Adolf REINLE: Die Ausstattung deutscher Kirchen im Mittelalter. Eine Einführung. Darmstadt 1988.

Das in diesem Kirchenführer zur Anwendung kommende Verfahren der Umzeichnung und farbigen Markierung von Bauplänen der mittelalterlichen Dome in Mainz, Worms und Speyer zwecks Rekonstruktion ihrer früheren liturgischen Nutzung wurde entwickelt in Zusammenarbeit mit Ulrich Jacobs (Rheinisches Amt für Denkmalpflege, Pulheim-Brauweiler). Siehe dazu die Erläuterungen von Clemens KOSCH, Zum Projekt einer zeichnerischen Veranschaulichung der sakralen „Binnentopographie" des Hochmittelalters in ehemaligen Konventkirchen Kölns. Methodische Überlegungen am Beispiel von St. Andreas, in: Kölnische Liturgie und ihre Geschichte. Studien zur interdisziplinären Erforschung des Gottesdienstes im Erzbistum Köln. Hg. v. Albert Gerhards/Andreas Odenthal (= Liturgiewissenschaftliche Quellen u. Forschungen Bd. 87), Münster 2000, S. 127–142. Erprobt wurde es bereits in den Kirchenführern von Clemens Kosch über die mittelalterlichen Sakralbauten in Köln, Paderborn und Essen/Werden (= Schnell & Steiner, Große Kunstführer Bd. 207, 227, 253).

Zu Entstehung und historische Entwicklung, Regeln und Statuten, Alltagsleben sowie Personalstruktur der mittelalterlichen Dom- und Kollegiatstifte verschaffen einen Überblick: SCHIEFFER 1976 sowie der Sammelband: Studien zum weltlichen Kollegiatstift in Deutschland. Hg. v. Irene Crusius (= Veröffentlichungen des Max-Planck-Instituts für Geschichte Bd. 114; Studien zur Germania Sacra Bd. 18), Göttingen 1995. Siehe ferner Peter MORAW: Über Typologie, Chronologie und Geographie der Stiftskirche im deutschen Mittelalter, in: Untersuchungen zu Kloster und Stift (= Veröffentlichungen des Max-Planck-Instituts für Geschichte Bd. 68; Studien zur Germania Sacra Bd. 14), Göttingen 1980, S. 9–37 – Bernd SCHNEIDMÜLLER: Verfassung und Güterordnung weltlicher Kollegiatstifte im Hochmittelalter, in: Zeitschrift der Savigny-Stiftung für Rechtsgeschichte, Kanonist. Abteilung 72, 1986, S. 115–151 – Guy P. MARCHAL: Was war das weltliche Kanonikerinstitut im Mittelalter? Dom- und Kollegiatstifte: Eine Einführung und eine neue Perspektive, in: Revue d'histoire ecclésiastique 94, 1999, S. 761–807 u. 95, 2000, S. 7–53 – Enno BÜNZ: Mittelalterliche Domkapitel als Lebensform, in: Zwischen Kathedrale und Welt. 1000 Jahre Domkapitel Merseburg. Katalog. Hg. v. Karin Heise/Holger Kunde/Helge Wittmann. Petersberg 2004, S. 13–32. Als vergleichende Einführung in die Sakraltopographie von Dom- und Stiftskirchen des Hochmittelalters immer noch lesenswert ist der Beitrag von Jean HUBERT: La vie commune des clercs et l'archéologie [Wiederabdruck], in: Jean HUBERT: Arts et vie sociale de la fin du monde antique au Moyen Age. Etudes d'archéologie et d'histoire (= Mémoires et documents de la Société de l'Ecole des Chartes Bd. 24), Genf 1977, S. 125–159 [Erstveröffentlichung 1962]

Die folgende Literaturauswahl beschränkt sich auf Veröffentlichungen, die speziell für die Thematik dieses Kirchenführers ausgewertet wurden.

Kunstgeschichtliche Regionalstudien sowie Vergleiche und Zusammenfassungen

Ferdinand VON QUAST: Die romanischen Dome des Mittelrheins zu Mainz, Speier, Worms. Kritisch untersucht und historisch festgestellt. Berlin 1853 – Rudolf KAUTZSCH: Die mittelrheinischen Dome zu Speyer, Mainz und Worms als Denkmäler deutscher Geschichte, in: Westdeutsche Monatshefte 1, 1925, S. 313–339 – Hans WEIGERT: Die Kaiserdome am Mittelrhein. Speyer, Worms, Mainz. Berlin 1933 – Hans REINHARDT: Die deutschen Kaiserdome des elften Jahrhunderts, in: Basler Zeitschrift für Geschichte u. Altertumskunde 33, 1934, S. 175–194 – Gustav VON BEZOLD: Zur Geschichte der romanischen Baukunst in der Erzdiözese Mainz, in: Marburger Jahrbuch für Kunstwissenschaft 8–9, 1936, S. 1–88 – Edgar LEHMANN: Der frühe deutsche Kirchenbau. Die Entwicklung seiner Raumanordnung bis 1080 (= Forschungen zur deutschen Kunstgeschichte Bd. 27), 2 Bde. Berlin 1949 – Ernst GALL: Dome und Klosterkirchen am Rhein. München 1956 – Rainer KAHSNITZ: Siegel und Goldbullen, in: Zeit der Staufer 1977, S. 17–107; cf. S. 93–94 (Nr. 140) – Toni DIEDERICH: Rheinische Städtesiegel (= Rheinischer Verein für Denkmalpflege u. Landschaftsschutz, Jahrbuch 1984–85), Neuss 1984, S. 104–105, 287–294, 353–357 – Manfred GROTEN: Studien zur Geschichte der deutschen Stadtsiegel. Trier, Köln, Mainz, Aachen, Soest, in: Archiv für Diplomatik. Schriftgeschichte, Siegel- u. Wappenkunde 31, 1985, S. 443–478; cf. S. 460–466 – Walter HOTZ: Die Wormser Bauschule 1000–1250. Werke – Nachbarn – Verwandte. Studien über landschaftsbezogene deutsche Baukunst. Darmstadt 1985 – Dethard VON WINTERFELD: Worms, Speyer, Mainz und der Beginn der Spätromanik am Oberrhein, in: Baukunst des Mittelalters in Europa. Hans Erich Kubach zum 75. Geburtstag. Hg. v. Franz J. Much. Stuttgart 1988, S. 213–250 [Nachdruck in: VON WINTERFELD 2003, S. 359–396] – Reiner HAUSSHERR: Dombauten und Reichsepiskopat im Zeitalter der Staufer. Mit einem Anhang v. Hartmut SCHOLZ (= Akademie der Wissenschaften und der Literatur Mainz, Abhandlungen der Geistes- u. Sozialwissenschaftlichen Klasse, Jahrgang 1991, Nr. 5), Stuttgart 1991 – Dethard VON WINTERFELD: Die Dome am Rhein. Speyer, Mainz und Worms, in: Lebendiges Rheinland-Pfalz 28–29, 1991–92, S. 1–28 – VON WINTERFELD 1993 – Holger MERTENS: Studien zur Bauplastik der Dome in Speyer und Mainz. Stilistische Entwicklung, Motivverbreitung und Formenrezeption im Umfeld der Baumaßnahmen des frühen 12. Jahrhunderts (= QAMKG Bd. 76), Mainz 1995 – Edgar LEHMANN: Die Westbauten der Stiftskirchen im deutschen Sprachgebiet zwischen 1150 und 1300, in: Sachsen u. Anhalt 19, 1997, S. 19–71 – Gerold BÖNNEN: Eine bislang unbekannte Urkunde aus dem Wormser Stadtarchiv von 1249, in: Archiv für hessische Geschichte u. Altertumskunde NF. 56, 1998, S. 309–320 – Rudolf SCHIEFFER: Das Grab des Bischofs in der Kathedrale (= Bayerische Akademie der Wissenschaften, Phil.-Hist. Klasse, Sitzungsberichte Jahrgang 2001, H. 4), München 2001 – Dethard VON WINTERFELD: Romanik am Rhein. Darmstadt 2001, cf. S. 62–69, 74–77, 80–82 – Dethard VON WINTERFELD: Zur kirchlichen Baukunst der Stauferzeit am Oberrhein, in: Burg und Kirche zur Stauferzeit. Akten der 1. Landauer Staufertagung 1997. Hg. v. Volker Herzner/Jürgen Krüger. Regensburg 2001, S. 11–19 – Dethard VON WINTERFELD: Die romanischen Dome am Rhein. Speyer, Mainz und Worms, in: Kunsthistorische Arbeitsblätter 2005 (5), S. 53–66 – Frank G. HIRSCHMANN: Die Bischofssitze um 1100. Bautätigkeit, Reform und Fürsorge vor dem Hintergrund des Investiturstreits, in: Vom Umbruch zur Erneuerung? Das 11. und beginnende 12. Jahrhundert. Hg. v. Jörg Jarnut/Matthias Wemhoff (= MittelalterStudien des Instituts zur Interdisziplinären Erforschung des Mittelalters u. seines Nachwirkens, Paderborn Bd. 13), München 2006, S. 427–452 – Richard W. GASSEN: Romanik zwischen Speyer, Mainz und Heidelberg. Petersberg 2007 – Dethard VON WINTERFELD: The Imperial Cathedrals of Speyer, Mainz and Worms: The Current State of Research, in: Mainz and the Middle Rhine Valley. Medieval Art, Architecture and Archaeology. Hg. v. Ute Engel/Alexandra Gajewski (= The British Archaeological Association, Conference Transactions Bd. 30), Leeds/Mainz 2007, S. 14–32 – Kurpfalz und Rhein-Neckar. Kollektive Identitäten im Wandel. Hg. v. Volker Gallé/Jörg Peltzer/Bernd Schneidmüller/Stefan Weinfurter. Heidelberg 2008; darin die Beiträge von Matthias UNTERMANN: Kaiserdome oder Kunstlandschaft? Romanische Baukunst und regionale Identität (S. 51–62); Stefan WEINFURTER: Die Salier – prägendes Herrschergeschlecht in der Rhein-Neckar-Region (S. 39–49) – Gerold BÖNNEN: Erster erhaltener Abdruck des Wormser Stadtsiegels, in: Staufer u. Italien 2010, Bd. 2, S. 273 – Gerold BÖNNEN: Gemeindebildung und kommunale Organisation in Worms und Speyer (1074 bis ca. 1220), in: Rheinische Vierteljahrsblätter 74, 2010, S. 19–56 – Ernst-Dieter HEHL: Stadt und Kirchenrecht. Überlegungen zu Mainz, Speyer und Worms im 12. Jahrhundert, in: Rheinische Vierteljahrsblätter 74, 2010, S. 1–18 – Matthias UNTERMANN: Die drei Kaiserdome Speyer, Mainz und Worms, in: Staufer u. Italien 2010, Bd. 1, S. 200–209.

Mainz, Dom SS. Martin und Stefan mit ehemaligem Domneben-Kanonikerstift St. Maria ad gradus

Steph[an] Alexandro WÜRDTWEIN: Commentatio historico-liturgica de stationibus Ecclesiae Moguntinae ex antiquitatibus ecclesiasticis eruta et addito ecclesiarum Trevirensis et Coloniensis ritu illustrata. Mainz 1782 – F. G. HABEL: Das Grab des Erzbischofs Adelbert I. in der Gothardscapelle am Dom zu Mainz. Wiesbaden 1850 – F[ranz] F[ALK]: Der alte Hochaltar im Stiftschore des Mainzer Doms, in: Der Kirchenschmuck 13 (26), 1869, S. 1–5 – Friedrich SCHNEIDER: Die Baugeschichte des Mainzer Domes vom Jahre 1159–1200. Urkundlich dargestellt und kritisch untersucht, in: Organ für christliche Kunst 20, 1870, S. 121–126, 133–138, 145–150 – Friedrich SCHNEIDER: Die Gräberfunde im Ostchore des Domes zu Mainz, in: Archiv für hessische Geschichte u. Altertumskunde 13, 1872–74, S. 321–384, 534–538; auch: Mainz 1874 – Friedrich SCHNEIDER: Die ehemalige Liebfrauenkirche zu Mainz. Geweiht 1311, zerstört 1810, in: Correspondenzblatt des Gesamtvereins der deutschen Geschichts- u. Alterthumsvereine 25 (1), 1877, S. 1–4 – Friedrich SCHNEIDER: Der Dom zu Mainz. Geschichte und Beschreibung des Baues und seiner Wiederherstellung. Berlin 1886 [Erstveröffentlichung in: Zeitschrift für Bauwesen 34, 1884, Sp. 191–204, 239–260, 403–430 u. 35, 1885, Sp. 149–176, 399–426, 551–592] – Fritz MINKUS: Der

Kirchenschatz von Mainz im XII. Jahr.[undert], in: Zeitschrift für christliche Kunst 10, 1897, Sp. 85–90 – Elard Friedrich BISKAMP: Das Mainzer Domkapitel bis zum Ausgang des 13. Jahrhunderts. Diss.phil. Marburg 1909 [Diss.Druck] – R[udolf] KAUTZSCH: Die Johanniskirche, der alte Dom zu Mainz, in: MZ 4, 1909, S. 56–70 – Andreas Ludwig VEIT: Archivalische Nachrichten über den Dom zu Mainz bis zum 16. Jahrhundert, in: Archiv für hessische Geschichte u. Altertumskunde NF. 8, 1912, S. 147–171 – Friedrich SCHNEIDER: Die Wächterstube im Dom zu Mainz, in: Kunstwissenschaftliche Studien. Gesammelte Aufsätze von Friedrich Schneider. 1. Bd.: Kurmainzer Kunst. Hg. v. Erwin Hensler. Wiesbaden 1913, S. 90–94 – Werner NOACK: Mittelrheinische Lettner des XIII. Jahrhunderts, in: Deutscher Verein für Kunstwissenschaft. Dritter Bericht über die Denkmäler deutscher Kunst. Berlin 1914, S. 130–139; cf. S. 130–135 – Ernst NEEB: Zur Geschichte der heutigen Chorbühnen und des ehemaligen Lettners im Westchor des Mainzer Domes. Anhang: Die Standorte des Hochaltars im Westchore des Mainzer Domes, in: MZ 11, 1916, S. 38–48 – E[rnst] NEEB: Zur Lage und Baugeschichte der Mainzer Dompropstei, in: MZ 12–13, 1917–18, S. 184–190 – Rudolf KAUTZSCH: Der Ostbau des Doms zu Mainz, in: Zeitschrift für Geschichte der Architektur 5, 1911–12, S. 209–220 u. 7, 1914–19, S. 77–99 – Rudolf KAUTZSCH/Ernst NEEB: Die Kunstdenkmäler der Stadt und des Kreises Mainz Bd. II: Die kirchlichen Kunstdenkmäler der Stadt Mainz, Teil 1: Der Dom zu Mainz (= Die Kunstdenkmäler im Freistaat Hessen), Darmstadt 1919 – Rudolf KAUTZSCH: Der Mainzer Dom und seine Denkmäler. Frankfurt a.M. 1925 – Hans KUNZE: Der Dom des Willigis in Mainz, in: MZ 20–21, 1925–26, S. 39–44 – Aloys STREMPEL: Die Rettung des Mainzer Domes. Mainz 1928 – Otto SCHMITT: Zur Deutung der Gewölbefigur am ehemaligen Westlettner des Mainzer Doms, in: Stadt und Stift. Beiträge zur Mainzer Geschichte. Festschrift für Heinrich Schrohe. s.l.s.d. [Mainz 1934], S. 70–78 – Hermann SCHNITZLER: Ein unbekanntes Reiterrelief aus dem Kreise des Naumburger Meisters, in: Zeitschrift des Deutschen Vereins für Kunstwissenschaft 1, 1935, S. 399–423 – Beiträge zur Kunst und Geschichte des Mainzer Lebensraumes. Festschrift für Ernst Neeb. s.l.s.d. [Mainz 1936]; darin die Beiträge von Rudolf KAUTZSCH: Die Gothardkapelle am Dom zu Mainz und Kasr ibn Wardan (S. 41–46); Karl USINGER: Zwei Bauplastiken der Stauferzeit aus dem Mainzer Dom (S. 47–51) – Peter METZ: Das Ostportal der ehemaligen Mainzer Liebfrauenkirche um die Mitte des XIII. Jahrhunderts, in: Jahrbuch der Preußischen Kunstsammlungen 57, 1936, S. 109–129 – Rudolf KAUTZSCH: Zur Baugeschichte des Mainzer Doms, in: Zeitschrift für Kunstgeschichte 6, 1937, S. 200–217 – Gerhard BITTENS: Der Dom in Mainz und seine Umgebung im Lauf der Jahrhunderte. Diss. TH Darmstadt 1937 [Diss.Druck]; auch in: Jahrbuch der Volks- u. Heimatforschung in Hessen u. Nassau 1933–38, S. 35–51 – A[ugust] SCHUCHERT: Das älteste Mainzer Domportal, in: MZ 34, 1939, S. 23–27 – Erika [KIRCHNER-] DOBERER: Die deutschen Lettner bis 1300. Diss.phil. Wien 1946 [masch.schr.], S. 54–66 – Erika DOBERER: Ein Denkmal der Königssalbung. Die symbolische Bedeutung der Gewölbefigur am ehemaligen Westlettner des Mainzer Domes, in: Wandlungen christlicher Kunst im Mittelalter (= Forschungen zur Kunstgeschichte u. Christlichen Archäologie Bd. 2), Baden-Baden 1953, S. 321–340 – Margarete DÖRR: Das St. Mariengredenstift in Mainz (Geschichte, Recht und Besitz). Diss.phil. Mainz 1953 [masch.schr.] – Adam B. GOTTRON: Die Stationsfeiern in Mainzer Stiften, in: MZ 48–49, 1953–54, S. 19–26 – Dorothea ISSERSTEDT: Der „Bassenheimer Reiter" des Naumburger Meisters. Versuch einer Rekonstruktion, in: Marburger Jahrbuch für Kunstwissenschaft 16, 1955, S. 181–198 – Herbert VON EINEM: Der Mainzer Kopf mit der Binde (= Arbeitsgemeinschaft für Forschung des Landes Nordrhein-Westfalen, Geisteswissenschaften H. 37), Köln/Opladen 1955 – Günter BANDMANN: Zur Deutung des Mainzer Kopfes mit der Binde, in: Zeitschrift für Kunstwissenschaft 10, 1956, S. 153–174 – Fritz [Viktor] ARENS: Kapitelsaal und Sepultur bei deutschen Dom- und Stiftskirchen, in: Würzburger Diözesangeschichtsblätter 18–19, 1956–57, S. 62–73; cf. S. 64–67 – Karl-August WIRTH: Das Westportaltympanon der Aschaffenburger Stiftskirche. Zur Reliefstruktur der spätromanischen Plastik im Rhein-Main-Gebiet, in: Aschaffenburger Jahrbuch für Geschichte, Landeskunde u. Kunst des Untermaingebietes 4, 1957, S. 405–437; cf. S. 418–422, 427–430 – Fritz Viktor ARENS: Die Inschriften der Stadt Mainz von frühmittelalterlichen Zeit bis 1650. Gesammelt u. bearb. v....auf Grund der Vorarbeiten von Konrad F. BAUER (= Die Deutschen Inschriften, Heidelberger Reihe 2. Bd.), Stuttgart 1958, S. (27–42), 17–27 – Wilhelm Bernhard KAISER: Zum Mainzer Kopf mit der Binde, in: Zeitschrift für Kunstwissenschaft 14, 1960, S. 155–166 – Universitas. Dienst an Wahrheit und Leben. Festschrift für Bischof Dr. Albert Stohr ... Hg. v. Ludwig Lenhart. Bd.1, Mainz 1960; darin die Beiträge von Ludwig LENHART: Zum Gottes- und Chordienst des Mainzer Domstiftes beim Ausgang des späten Mittelalters (S. 478–492); Peter METZ: Der Königschor im Mainzer Dom (S. 290–323) – Die Kunstdenkmäler der Stadt Mainz. Teil 1: Kirchen St. Agnes bis Hl. Kreuz. Bearb. v. Fritz Arens (= Die Kunstdenkmäler von Rheinland-Pfalz, Bd. 4/1), München/Berlin 1961, S. 409–436 – Albrecht MANN: Doppelchor und Stiftermemorie. Zum kunst- und kultgeschichtlichen Problem der Westchöre, in: Westfälische Zeitschrift 111, 1961, S. 149–262; cf. S. 202–203, 239 – Ludwig LENHART: Die Memorie des Mainzer Domes in ihrer künstlerischen Gestalt und ihrem sakralen Gestaltwandel, in: Mainzer Almanach 1962, S. 113–122 – Manfred FATH: Der Weltenrichter der Mainzer Westlettner-Deesis und seine Nachfolge, in: MZ 60–61, 1965–66, S. 97–101 – Rudolf VIERENGEL: Ad gradus beatae Mariae virginis. Kirchen und Kapellen mit dem Titel „Maria zu den Stufen", in: MZ 60–61, 1965–66, S. 88–96 – Mainz und der Mittelrhein in der europäischen Kunstgeschichte. Studien für Wolfgang Fritz Volbach zu seinem 70. Geburtstag. Hg. v. Friedrich Gerke (= Forschungen zur Kunstgeschichte u. Christlichen Archäologie Bd. 6), Mainz 1966; darin die Beiträge von Wilhelm JUNG: Zur Bedeutung des Zentralraums in der kirchlichen Baukunst von Mainz (S. 759–778; cf. S. 761–765); Theodor KEMPF: Benna Trevirensis, Canonicus de Sancti Paulini patrocinio (S. 179–196); Martin KLEWITZ: Das Leichhofportal des Mainzer Domes (S. 197–218); Hans REINHARDT: Der gotische Lettner des Doms zu Mainz (S. 219–232) – Vorromanische Kirchen 1966–71, S. 191–193, 196–197 (Friedrich OSWALD) – Fritz [Viktor] ARENS: Die Datierung des Ostchores am Mainzer Dom, in: Zeitschrift für Kunstgeschichte 30, 1967, S. 73–76 – Peter ACHT: Die erste Ordnung der Urkunden des Mainzer Erzstifts und Domkapitels, in: Zeitschrift für bayerische Landesgeschichte 33, 1970, S. 22–84; cf. S. 62–69 – Walther LIPPHARDT: Die Mainzer Visitatio sepulchri, in: Mediaevalia litteraria. Festschrift für Helmut de Boor zum 80. Geburtstag. Hg. v. Ursula Hennig/Herbert Kolb. München 1971, S. 177–191 – Ludwig FALCK: Mainz im frühen und hohen Mittelalter (Mitte 5. Jahrhundert bis 1244) (= Geschichte der Stadt Mainz Bd. II), Düsseldorf 1972 – Annegret PESCHLOW-KONDERMANN: Rekonstruktion des Westlettners und der Ostchoranlage des 13. Jahrhunderts im Mainzer Dom (= Forschungen zur Kunstgeschichte u. Christlichen Archäologie Bd. 8), Wiesbaden 1972; dazu die Besprechung von Dethard VON WINTERFELD in: Zeitschrift für Kunstgeschichte 37, 1974, S. 67–78 – Hans Erich KUBACH: Zu den romanischen Kapellen an den Domen von Mainz und Speyer, in: MZ 67–68, 1972–73, S. 118–121 – Wolfgang BICKEL: Sechs Kapitel über das Marktportal des Mainzer Domes, in: Zeitschrift des Deutschen Vereins für Kunstwissenschaft 27, 1973, S. 3–23 – Wolfgang BICKEL: Der thronende Christus mit der Taube des Geistes. Ein Essay zur Ikonologie des Marktportals am Mainzer Dom, in: Mainzer Almanach 1972–74, S. 58–67 – Otto BÖCHER: Agnus inter bestias. Zur Deutung eines ikonographischen Programms, in: MZ 70, 1975, S. 73–79 – Ernst COESTER: Die frühgotische Mainzer Domsakristei, ein Bauwerk aus dem Hüttenkreis der rheinischen Cistercienser, in: MZ 70, 1975, S. 80–84 – Karl Heinz ESSER/Anibal DO PAÇO QUESADO: Die Ausgrabungen auf dem Liebfrauenplatz in Mainz, in: MZ 70, 1975, S. 177–193 – [Karl Heinz ESSER:] Die Ausgrabungen auf dem Liebfrauenplatz, in: 10 Jahre Ausgrabungen in Mainz 1965–1974. [Begleitpublikation zur] Ausstellung des Mittelrheinischen Landesmuseums Mainz (= Mainzer Schriften zur Kunst u. Kultur in Rheinland-Pfalz Bd. 3), Mainz 1975 [12 p.] – MÜLLER 1975, S. 52–61 – Veit GEISSLER: Die Mainzer Domplätze, in: Das Münster 28, 1975, S. 31–38 – 1000 Jahre Mainzer Dom (975–1975). Werden und Wandel. Ausstellungskatalog und Handbuch hg. v. Wilhelm Jung. Mainz 1975; darin die Beiträge von Irmtraud LIEBEHERR: Das Domkapitel (S. 115–125); Hermann REIFENBERG: Gottesdienst im Mainzer Dom im Spannungsfeld eines Jahrtausends – Schwerpunkte seiner liturgischen Entwicklung und Ausdrucksformen (S. 161–174) – Willigis und sein Dom. Festschrift zur Jahrtausendfeier des Mainzer Domes 975–1975. Hg. v. Anton Ph. Brück (= QAMKG Bd. 24), Mainz 1975; darin die Beiträge von Fritz [Viktor] ARENS: Die Raumaufteilung des Mainzer Domes und seiner Stiftsgebäude bis zum 13. Jahrhundert (S. 185–249); Karl Heinz ESSER: Der Mainzer Dom des Erzbischofs Willigis (S. 135–184); Wilhelm JUNG: Aus der Geschichte des Mainzer Domschatzes (S. 331–357); Hermann REIFENBERG: Der Mainzer Dom als Stätte des Gottesdienstes. Tausend Jahre Liturgie im Koordinatensystem von Kirche und Welt (S. 251–330) – SCHIEFFER 1976, S. 148–150 – Willibald SAUERLÄNDER: Auferstehender und Teufelskopf vom Mainzer Westlettner, in: Zeit der Staufer 1977, S. 362–363 (Nr. 478) – Willibald SAUERLÄNDER: Grabmal des Erzbischofs Siegfried III. von Eppstein im Mainzer Dom, in: Zeit der Staufer 1977, S. 329–331 (Nr. 450) – Willibald SAUERLÄNDER: Hl. Martin, sog. Bassenheimer Reiter, in: Zeit der Staufer 1977, S. 331–332 (Nr. 451) – Gisela KNIFFLER: Die Grabdenkmäler der Mainzer Erzbischöfe vom 13. bis zum frühen 16. Jahrhundert. Untersuchungen zur Geschichte, zur Plastik und zur Ornamentik (= Dissertationen zur Kunstgeschichte Bd. 7), Köln/Wien 1978, S. 1–6, 15–27 – Fritz [Viktor] ARENS: Der Dom zu Mainz. Darmstadt 1982 [4. Aufl. 2009, neu bearb. u. ergänzt v. Günther BINDING] – Fritz [Viktor] ARENS: St. Martin, der Mainzer Dom und das Erzstift, in: Neues Jahrbuch für das Bistum Mainz 1982, S. 9–56 – Wilhelm JUNG: Die Gotthardkapelle des Mainzer Domes. Zum Abschluss umfassender Restaurierungsarbeiten, in: Neues Jahrbuch für das Bistum Mainz 1983, S. 3–24 – August SCHUCHERT/Wilhelm JUNG: Der Dom zu Mainz. Ein Handbuch. Mainz, 3. Aufl. 1984 – STREICH 1984, S. 208–212, 257–272 – Die Bischofskirche Sankt Martin zu Mainz. Mit Beiträgen zur Geschichte des Domes und einer bibliographischen Handreichung. Festgabe für Domdekan Dr. Hermann Berg ... Hg. v. Friedhelm Jürgensmeier (= Beiträge zur Mainzer Kirchengeschichte Bd. 1), Frankfurt a.M. 1986; darin die Beiträge von Friedhelm JÜRGENSMEIER: Reliquien im Mainzer Dom (S. 33–57); Regina Elisabeth SCHWERDTFEGER: Der Dom zu Mainz. Eine bibliographische Handreichung (S. 109–314); Dethard VON WINTERFELD: Das Langhaus des Mainzer Domes. Baugeschichtliche Überlegungen (S. 21–32) [Nachdruck in: VON WINTERFELD 2003, S. 224–239] – Kathryn L. BRUSH: The West Choir Screen at Mainz Cathedral. Studies in Program, Patronage and Meaning. Phil.D. Diss. Brown University 1987 [masch.schr.] – Hermann FISCHER/Theodor WOHNHAAS: Mittelalterliche Orgelstandorte im Speyerer Dom und in anderen mittelrheinischen Kirchen, in: Kirchen am Lebensweg. Festgabe zum 60. Geburtstag und 20. Bischofsjubiläum für Seine Eminenz Friedrich Kardinal Wetter, Erzbischof von München und Freising. Hg. v. Lothar Altmann (= Jahrbuch des Vereins für Christliche Kunst in München 17, 1988), München 1988, S. 113–132; cf. S. 118–120 – Richard HAMANN-MACLEAN: Stilwandel und Persönlichkeit. Gesammelte Aufsätze 1935-1982. Hg. v. Peter Cornelius Claussen. Stuttgart 1988; darin die Beiträge: Der Atlant aus dem Ostchor des Mainzer Domes und Reims. Studien zum Problem des Naumburger Meisters III (S. 435–467) [Erstveröffentlichung 1971]; Ein Fragment vom Mainzer Westlettner aus der Sammlung Weihrauch. Neue Überlegungen zur Ikonographie des Weltgericht-Frieses. Studien zum Problem des Naumburger Meisters IV (S. 469–486) [Erstveröffentlichung 1982] – Das Bistum Mainz. Von der Römerzeit bis zum II. Vatikanischen Konzil. Hg. v. Friedhelm Jürgensmeier (= Beiträge zur Mainzer Kirchengeschichte Bd. 2), Frankfurt a.M., 2. Aufl. 1989 – Friedrich MÖBIUS: Der Mainzer Westchor, in: Geschichte der deutschen Kunst 1200–1350. Hg. v. Friedrich Möbius/Helga Sciurie. Leipzig 1989, S. 62–66 – Beate DENGEL-WINK: Die ehemalige Liebfrauenkirche in Mainz. Ein Beitrag zur Baukunst und Skulptur der Hochgotik am Mittelrhein und in Hessen (= Neues Jahrbuch für das Bistum Mainz 1990), Mainz 1990 – GIERLICH 1990, S. 143–183 – Michael HOLLMANN: Das Mainzer Domkapitel im späten Mittelalter (= QAMKG Bd. 64), Mainz 1990 – Vorromanische Kirchen 1991, S. 261–264 (Werner JACOBSEN) – Friedrich W. RIEDEL: Zur Problematik der Kathedralorgel – Die Orgeln im Dom zu Mainz, in: Die Orgel als sakrales Kunstwerk I. Beiträge zur Orgelgeschichte im ehemals kurrheinischen Reichskreis und seinen Nachfolgestaaten. Hg. v. Friedrich W. Riedel (= Neues Jahrbuch für das Bistum Mainz, Sonderbd. 1991/92), Mainz 1992, S. 302–317 – VON WINTERFELD 1993, S. 119–135, 153–164 – Hartmut KROHM/ Alexander MARKSCHIES: Der Lettner der Marienkirche in Gelnhausen – Grundlagen einer Neubewertung, in: Zeitschrift des Deutschen Vereins für Kunstwissenschaft 48, 1994, S. 7–59; cf. S. 7–10, 14–15, 28–31, 52–57 – Ursula MENDE: Die Bronzetüren des Mittelalters 800–1200. München, 2. Aufl. 1994, S. 25–27, 133–134 – Michael MATHEUS: Zur Romimitation in der „Aurea Moguntia", in: Landesgeschichte und Reichsgeschichte. Festschrift für Alois Gerlich zum 70. Geburtstag. Hg. v. Winfried Dotzauer/Wolfgang Kleiber/Michael Matheus/Karl-Heinz Spieß (= Geschichtliche Landeskunde Bd. 42), Stuttgart 1995, S. 35–49 – Sirka HEYNE: Studien zur Mainzer und Fuldaer Liturgiegeschichte (= QAMKG Bd. 73), Mainz 1996 – Christine KITZLINGER/Stefan GABELT: Die ehemalige Westlettneranlage im Dom zu Mainz, in: Meisterwerke mittelalterlicher Skulptur. Hg. v. Hartmut Krohm. Berlin 1996, S. 205–243 – Verena KESSEL: Sepulkralpolitik. Die Krönungsgrabsteine im Mainzer Dom und die Auseinandersetzung um die Führungsposition im Reich, in: Der Mainzer Kurfürst als Reichserzkanzler. Funktionen, Aktivitäten, Ansprüche und Bedeutung des zweiten Mannes im Alten Reich. Hg. v. Peter Claus Hartmann. Stuttgart 1997, S. 9–34 – Dethard VON WINTERFELD: Die Gotthard-Kapelle im Mainzer Dom. Zur Deutung architektonischer Formen, in: RückSicht. Festschrift für Hans-Jürgen Imiela zum 5. Februar 1997. Hg. v. Daniela Christmann/Gabriele Kiesewetter/Otto Martin/Andreas Weber. Mainz 1997, S. 17–31 [Nachdruck in: VON WINTERFELD 2003, S. 240–254] – HIRSCHMANN 1998, S. 287–313 – Lebendiger Dom. St. Martin zu Mainz in Geschichte und Gegenwart. Hg. v. Barbara Nichtweiß. Mainz 1998; darin die Beiträge von Verena KESSEL: Die Ausstattung des Domes (S. 56–83); Hermann REIFENBERG: Liturgie im Dom (S. 96–111); Dethard VON WINTERFELD: Das Bauwerk in Gestalt und Werden (S. 30–55) – Mainz. Die Geschichte der Stadt. Hg. v. Franz Dumont/Ferdinand Scherf/Friedrich Schütz. Mainz 1998; darin die Beiträge von Ludwig FALCK: Die erzbischöfliche Metropole 1011–1244 (S. 111–137); Ernst-Dieter HEHL: Goldenes Mainz und Heiliger Stuhl. Die Stadt und ihre Erzbischöfe im Mittelalter (S. 839–857); Franz STAAB: Mainz vom 5. Jahrhundert bis zum Tod des Erzbischofs Willigis (407–1011) (S. 71–107) – Sigrid VON DER GÖNNA: Der Mainzer Domschatz im späten Mittelalter. Zwei Inventare aus dem 14. und 15. Jahrhundert, in: AMKG 51, 1999, S. 323–381 – Kathryn [L.] BRUSH, The Tomb Slab of Archbishop Siegfried III von Eppstein in Mainz Cathedral. A Thirteenth-Century Image and its Interpretative Contexts. In: Grabmäler. Tendenzen der Forschung an Beispielen aus Mittelalter und früher Neuzeit. Hg. v. Wilhelm Maier/Wolfgang Schmid/Michael Viktor Schwarz. Berlin 2000, S. 33–50 – Handbuch der Mainzer

Kirchengeschichte. Bd. 1: Christliche Antike und Mittelalter, Teile 1 u. 2. Hg. v. Friedhelm Jürgensmeier (= Beiträge zur Mainzer Kirchengeschichte Bd. 6), Würzburg 2000; darin die Beiträge von Anna EGLER: Frömmigkeit – Gelebter und gestalteter Glaube (S. 889–969); Stephanie HAARLÄNDER: Die Mainzer Kirche in der Stauferzeit (1122–1249) (S. 290–331); Ernst-Dieter HEHL: Die Mainzer Kirche in ottonisch-salischer Zeit (911–1122) (S. 195–280, cf. S. 253–256); Friedhelm JÜRGENSMEIER: Das Erzbistum während des Investiturstreits (1066–1122) (S. 281–289); Horst REBER: Kirchenbau und Kirchenausstattung (S. 970–994, cf. S. 976–978); Hermann REIFENBERG: Liturgie – Gottesdienstliches Leben (S. 877–888) – Ernst-Dieter HEHL: Die Erzbischöfe von Mainz bei Erhebung, Salbung und Krönung des Königs (10. bis 14. Jahrhundert), in: Krönungen. Könige in Aachen – Geschichte und Mythos [Ausstellungskatalog Aachen 2000] Hg. v. Mario Kramp. 2 Bde. Mainz 2000; Bd. 1, S. 97–104 – Wolfgang SCHMID: Zu den Grabstätten der Erzbischöfe von Trier, Köln und Mainz im 11./12. Jahrhundert, in: Regionale Aspekte der Grabmalforschung. Hg. v. Wolfgang Schmid. Trier 2000, S. 111–132 – Heinrich MAGIRIUS: Der hochgotische Lettner in seinen typologischen Zusammenhängen, in: Architektur und Skulptur des Meißner Domes im 13. und 14. Jahrhundert. Hg. v. Heinrich Magirius (= Forschungen zur Bau- u. Kunstgeschichte des Meißner Domes Bd. 2), Weimar 2001, S. 121–131 – Dethard VON WINTERFELD: Die Wandlungen im äußeren Erscheinungsbild des Mainzer Domes, in: Lebendiges Rheinland-Pfalz 38 (2–4), 2001, S. 5–19 – Frank G. HIRSCHMANN: Die Domannexstifte im Reich – Zusammenstellung und vergleichende Analyse, in: Zeitschrift der Savigny-Stiftung für Rechtsgeschichte, Kanonist. Abt. 119, 2002, S. 110–158; cf. S. 116–117, 125–126, 128–130 – Hans-Jürgen KOTZUR: Raumbilder. Die Ausgestaltung des Mainzer Domes im Wandel der Zeit, in: Lebendiges Rheinland-Pfalz 39, 2002, S. 3–47 – Dethard VON WINTERFELD/Felicitas JANSON/Winfried WILHELMY: Dom St. Martin Mainz (= Schnell Kunstführer Nr. 608), Regensburg, 23. Aufl. 2002 – Stefan HEINZ/Wolfgang SCHMID: Memorialsysteme in Kathedralkirchen. Die Topographie des Gedenkens in Trier, Köln und Mainz, ca. 1200 – ca. 1600, in: Kunst und Liturgie. Choranlagen des Spätmittelalters – ihre Architektur, Ausstattung und Nutzung. Hg. v. Anna Moraht-Fromm. Ostfildern 2003, S. 231–252; cf. S. 244–247 – Beate HÖFLING: Verborgene Botschaft. Zur theologisch-spirituellen Bedeutung des Marktportals, in: Domblätter 5, 2003, S. 43–49 – Josef HEINZELMANN: Mainz zwischen Rom und Aachen. Erzbischof Willigis und der Bau des Mainzer Doms, in: Jahrbuch für westdeutsche Landesgeschichte 30, 2004, S. 7–32 – Beate HÖFLING: Versteckte Schönheit. Das Leichhofportal, in: Domblätter 6, 2004, S. 33–36 – Monika SCHMELZER: Der mittelalterliche Lettner im deutschsprachigen Raum. Typologie und Funktion (= Studien zur internationalen Architektur- u. Kunstgeschichte Bd. 33), Petersberg 2004, S. 116–119, 183 – Manuela BEER: Triumphkreuze des Mittelalters. Ein Beitrag zu Typus und Genese im 12. und 13. Jahrhundert. Regensburg 2005, S. 173–176, 179–180 – Werner JACOBSEN: Ottonische Großbauten zwischen Tradition und Neuerung. Überlegungen zum Kirchenbau des 10. Jahrhunderts im Reichsgebiet (919–1024), in: Zeitschrift des Deutschen Vereins für Kunstwissenschaft 58, 2004 [2006], S. 9–41; cf. S. 24–28 – Franz J. FELTEN: Mainz und das frühmittelalterliche Königtum. Spuren – Erinnerungen – Fiktionen – und ihre Nutzanwendung, in: Robert Folz (1910–1996). Mittler zwischen Frankreich und Deutschland. Actes du colloque „Idée d'Empire et de Royauté au Moyen Age: Un regard franco-allemand sur l'œuvre de Robert Folz", Dijon 2001. Hg. v. Franz J. Felten/Pierre Monnet/Alain Saint-Denis (= Geschichtliche Landeskunde Bd. 60), Stuttgart 2007, S. 51–96 – Mainz and the Middle Rhine Valley. Medieval Art, Architecture and Archaeology. Hg. v. Ute Engel/Alexandra Gajewski (= The British Archaeological Association, Conference Transactions Bd. 30), Leeds/Mainz 2007; darin die Beiträge von Rüdiger FUCHS: Medieval Inscriptions in the Mainz and Oppenheim Area: New Ideas and New Research (S. 132–141; cf. S. 138–139); Gerhard LUTZ: The Choir-Screen at Mainz and the Master of Naumburg (S. 53–67) – Harald WOLTER-VON DEM KNESEBECK: Das Mainzer Evangeliar. Strahlende Bilder – Worte in Gold. Regensburg 2007 – Kathryn [L.] BRUSH: Screening, Sculpture, and the Structuring of Viewer Experience in Thirteenth-Century Mainz, in: Reading Gothic Architecture. Hg. v. Matthew M. Reeve (= Studies in the Visual Cultures of the Middle Ages Bd. 1), Turnhout 2008, S. 25–36 – Dommuseum Mainz. Führer durch die Sammlung. Bearb. v. Alexandra KÖNIG. Mainz 2008 – Diana ECKER: Das Mainzer Dom-Museum. Geschichte und Geschichten. Mainz 2008 – Juliane SCHWOCH: Locus Memoriae – zum Kapitelsaal des Mainzer Domes, in: Magister operis. Beiträge zur mittelalterlichen Architektur Europas. Festgabe für Dethard von Winterfeld zum 70. Geburtstag. Hg. v. Gabriel Dette/Laura Heeg/Klaus T. Weber. Regensburg 2008, S. 79–100 – Franz-Rudolf WEINERT: Die Karwoche im Alten Mainz. Wie man vor 500 Jahren im Mainzer Dom die Heilige Woche feierte, in: MZ 103, 2008, S. 61–68 – Gerhard STRAEHLE: Der Naumburger Meister in der deutschen Kunstgeschichte. Einhundert Jahre deutsche Kunstgeschichtsschreibung 1886–1989. Diss. phil. München 2009 [http://archiv.ub.uni-heidelberg.de/artdoc/volltexte/2009/747/pdf/Straehle], S. 177–183, 190 ff.,

226–234, 251–253, 289–300, 401–425, 471–473, 489–498, 547–554, 615–617, 844–849, 856 ff., 874 ff. – Franz-Rudolf WEINERT: Mainzer Domliturgie zu Beginn des 16. Jahrhunderts. Der Liber Ordinarius der Mainzer Domkirche, in. Domblätter 10, 2008, S. 70–75 – Klaus Gereon BEUCKERS: Atrienkirche, Kanonikerkirche, Pfarrkirche: St. Johann in Essen, in: Frauenstifte – Frauenklöster und ihre Pfarreien. Hg. v. Hedwig Röckelein (= Essener Forschungen zum Frauenstift Bd. 7), Essen 2009, S. 77–116; cf. S. 96–98, 101–103 – Joachim GLATZ: Dom im Buch – Buch im Dom. Die Mainzer Bischofskirche und ihre Bücher (= Aus der Martinus-Bibliothek H. 7), Mainz 2009 – Franz-Rudolf WEINERT: Mainzer Domliturgie zu Beginn des 16. Jahrhunderts. Der Liber Ordinarius der Mainzer Domkirche (= Pietas Liturgica, Studia Bd. 20), Tübingen/Basel, 2. Aufl. 2009 – Basilica Nova Moguntina. 1000 Jahre Willigis-Dom St. Martin in Mainz. Beiträge zum Domjubiläum 2009. Hg. v. Felicitas Janson/Barbara Nichtweiß (= Neues Jahrbuch für das Bistum Mainz 2009–2010), Mainz 2010; darin die Beiträge von Franz J. FELTEN: Das Domkapitel – geistliche Gemeinschaft und politische Entscheidungsträger? (S. 199–230); Ernst-Dieter HEHL: Ein Dom für König, Reich und Kirche. Der Dombau des Willigis und die Mainzer Bautätigkeit im 10. Jahrhundert (S. 45–78); Clemens KOSCH: Zur sakralen Binnentopographie des Mainzer Domes im Hochmittelalter (S. 137–158); Hans-Jürgen KOTZUR: Trennend – Verbindend – Raumprägend. Die Lettner und Chorschranken des Mainzer Domes und ihre Wirkung auf die Raumbilder im Wandel der Zeit (S. 159–198); Ursula MENDE: „Was das Feuer nahm, das Erz hat es wiedergegeben". Das Bronzeportal am Dom zu Mainz (S. 79–104); Dethard VON WINTERFELD: Willigis und die Folgen. Bemerkungen zur Baugeschichte des Mainzer Domes (S. 105–136) – Christoph BRACHMANN: Der ‚Naumburger Meister' und die Mainzer Domskulptur des 13. Jahrhunderts, in: Staufer u. Italien 2010, Bd. 2, S. 317–321 – Aquilante DE FILIPPO: Die Bauskulptur des Mainzer und Wormser Domes und ihre Vorbilder in der Lombardei, in: Staufer u. Italien 2010, Bd. 1, S. 150–160; cf. S. 151–153 – Dom Re-Konstruktionen. Ein Werkstattbericht aus der Fachhochschule Mainz. Red. Emil Hädler/Dethard von Winterfeld/Isabel Naegele (= Forum Sonderausgabe Nr. 1), Mainz 2010 – Die Inschriften des Mainzer Doms und des Dom- und Diözesanmuseums von 800 bis 1350. Auf der Grundlage der Vorarbeiten v. Rüdiger Fuchs/Britta Hedtke bearb. v. Susanne Kern (= Mainzer Inschriften Bd. 1), Wiesbaden 2010, S. 11–23, 28–38, 97–103 – Juliane SCHWOCH: Die spätromanische Bauzier des Mainzer Domes. Regensburg 2010 – Irmgard SIEDE: Grabmal des Erzbischofs Siegfried III. von Eppstein, in: Staufer u. Italien 2010, Bd. 2, S. 122–123.

Worms, Dom St. Peter mit ehemaliger Tauf- und Pfarrkirche St. Johannes Baptist

Ernst WÖRNER: Kunstdenkmäler im Großherzogthum Hessen. Provinz Rheinhessen, Kreis Worms. Darmstadt 1887, S. 154–204 – Friedrich SCHNEIDER: Ein Bischofsgrab des XII. Jahrh[underts] im Wormser Dom, in: Jahrbücher des Vereins von Alterthumsfreunden im Rheinlande [Bonner Jahrbücher] 85, 1888, S. 106–115 – Franz Jakob SCHMITT: Die ehemalige gewölbte Zehnecks-Pfeilerbasilika Sanct Johannes des Täufers in Worms am Rhein, in: Repertorium für Kunstwissenschaft 25, 1902, S. 321–330 – Eugen KRANZBÜHLER: Vom Wormser Domkreuzgang, in: Vom Rhein 2, 1903, S. 91–96 – Eugen KRANZBÜHLER: Verschwundene Wormser Bauten. Beiträge zur Baugeschichte und Topographie der Stadt. Worms 1905, S. 16–53, 70–72, 117–136, 143–157 – Eugen KRANZBÜHLER: Die Bischofsgräber des Wormser Doms, in: Vom Rhein 5, 1906, S. 17–19 – Bernhard MÜLLER: Saliergräber im Wormser Dom, in: Korrespondenzblatt des Gesamtvereins der deutschen Geschichts- u. Altertumsvereine 58, 1910, Sp. 213–221 – [E.] ANTHES: Die Gräber unter dem Wormser Dom, in: Die Denkmalpflege 14, 1912, S. 85–88 – Eugen KRANZBÜHLER: Einige Nachrichten über Altäre und Gräber im Wormser Dom. s.l. s.d. [Schotten 1912] – Hermann SCHMITT: Bischof Burchards Verehrung, in: Wormatia sacra. Beiträge zur Geschichte des ehemaligen Bistums Worms. Worms 1925, S. 45–51 – Erich GRILL: Ein Frühwerk deutscher Tafelmalerei im Paulusmuseum der Stadt Worms, in: WG 1, 1927, S. 70–81 – Rudolf KAUTZSCH [et al.]: Der Dom zu Worms. 3 Bde. (= Denkmäler deutscher Kunst), Berlin 1938 – Karl GRUBER: Der Wormser Dombezirk, in: WG 2, 1934–43, S. 234–241 –– Friedrich M. ILLERT: Die Altarflügel des Wormser Domes aus dem 13. Jahrhundert, in: WG 2, 1934–43, S. 259–260 – Friedrich M. ILLERT: Forum Germanorum. I. Umrisse zur Geschichte der Wormser Königspfalz, in: WG 2, 1934–43, S. 110–125 – Friedrich M. ILLERT: Das Königsportal des Wormser Domes, in: WG 2, 1939, S. 258 – Friedrich M. ILLERT: Der Königschor des Wormser Domes. Versuch einer Deutung der Funktion des Westchores des Wormser Domes, in: WG 2, 1934–43, S. 337–344, 390 – Erika [KIRCHNER-] DOBERER: Die deutschen Lettner bis 1300. Diss.phil. Wien 1946 [masch. schr.], S. 115–119 – Karl-August WIRTH: Das Westportaltympanon der Aschaffenburger Stiftskirche. Zur Reliefstruktur der spätromanischen Plastik im Rhein-Main-Gebiet, in: Aschaffenburger Jahrbuch für Geschichte, Landeskunde u. Kunst des Untermaingebietes 4, 1957, S. 405–437; cf. S. 414–417, 431–432 – Friedrich M. ILLERT: Kaiserpfalz und Bischofshof in Worms, in: WG 3, 1951–58, S. 136–148 – Georg TROESCHER: Die Bildwerke am Ostchor des Wormser Doms. Deutung und Bestimmung, künstlerische Quellen und weitere Zusammenhänge in der romanischen Bauplastik, in: Zeitschrift für Kunstgeschichte 21, 1958, S. 123–169 – Friedrich M. ILLERT: Die beiden Portale des Wormser Domes. Ein Hinweis auf die zeitgeschichtliche Interpretation, in: Jahrbuch für das Bistum Mainz 8, 1958–60, S. 347–351 – Hans KUNZE: Der Westchor des Domes zu Worms, in: Zeitschrift für Kunstwissenschaft 14, 1960, S. 81–98 – Albrecht MANN: Doppelchor und Stiftermemorie. Zum kunst- und kultgeschichtlichen Problem der Westchöre, in: Westfälische Zeitschrift 111, 1961, S. 149–262; cf. S. 207–208, 240, 253 – Fritz [Viktor] ARENS/Otto BÖCHER: Studien zur Bauplastik und Kunstgeschichte der Johanneskirche zu Worms, in: WG 5, 1961–62, S. 85–107 – Hans-Joachim KRAUSE: Bemerkungen zum staufischen Neubau des Wormser Doms, in: Wissenschaftliche Zeitschrift der Karl-Marx-Universität Leipzig, Gesellschafts- u. sprachwissenschaftliche Reihe 12, 1963, S. 445–462 – Friedrich M. ILLERT: Zeitgeschichte und Dombau. Ein Beitrag zur Datierung des Wormser Dombaues, in: WG 7, 1965–66, S. 9–36 – Meinrad SCHAAB: Die Diözese Worms im Mittelalter, in: Freiburger Diözesan-Archiv 86, 1966, S. 94–219 – Vorromanische Kirchen 1966–71, S. 378–379 (Friedrich OSWALD) – Erika DOBERER: Die romanischen Skulpturen in der Annenkapelle des Domes zu Worms, in: MZ 67–68, 1972–73, S. 138–140 – Karl Josef BENZ: Untersuchungen zur politischen Bedeutung der Kirchweihe unter Teilnahme der deutschen Herrscher im hohen Mittelalter. Ein Beitrag zum Studium des Verhältnisses zwischen weltlicher Macht und kirchlicher Wirklichkeit unter Otto III. und Heinrich II. (Regensburger historische Forschungen Bd. 4), Kallmünz/Opf. 1975, S. 153–158 – MÜLLER 1975, S. 69–70 – Norbert MÜLLER-DIETRICH: Das Tympanon im Wormser Dom und seine Beziehung zur Buchmalerei, in: Beiträge zur Kunst des Mittelalters. Festschrift für Hans Wentzel zum 60. Geburtstag. Hg. v. Rüdiger Becksmann/Ulf-Dietrich Korn/Johannes Zahlten. Berlin 1975, S. 145–156 – SCHIEFFER 1976, S. 150–151 – Paul PIEPER: Altarflügel aus Worms, in: Zeit der Staufer 1977, S. 303–304 (Nr. 431) – Willibald SAUERLÄNDER: Daniel in der Löwengrube, in: Zeit der Staufer 1977, S. 324–325 (Nr. 446) – Irene SPILLE: Neuentdeckungen zur Datierung des Wormser Domes, in: WG 13, 1979–81, S. 106–112 – Walter HOTZ: Der Dom zu Worms. Darmstadt 1981 [2. Aufl. 1998 neu bearb. u. ergänzt v. Günther BINDING] – Walter HOTZ: Die Wormser Domweihe von 1181. Zur Baugeschichte des staufischen Domes, in: Neues Jahrbuch für das Bistum Mainz 1981 [1982], S. 135–147 – Hans Ulrich BERENDES: Die Bischöfe von Worms und ihr Hochstift im 12. Jahrhundert. Diss.phil. Köln 1984 [Diss.Druck] – Karl SCHMID: Die Sorge der Salier um ihre Memoria. Zeugnisse, Erwägungen und Fragen, in: Memoria. Der geschichtliche Zeugniswert des liturgischen Gedenkens im Mittelalter. Hg. v. Karl Schmid/Joachim Wollasch (= Münstersche Mittelalter-Schriften Bd. 48), München 1984, S. 666–726; cf. S. 681–685 – STREICH 1984, S. 212–213 – Burkhard KEILMANN: Die Kaiserurkunde von 1184 und das Kaiserportal am Dom zu Worms, in: WG 14, 1982–86, S. 15–19 – Dethard VON WINTERFELD: Der Dom zu Worms (= Die Blauen Bücher), Königstein im Taunus 1984; 4. Aufl. 2003 – Hermann FISCHER/Theodor WOHNHAAS: Mittelalterliche Orgelstandorte im Speyerer Dom und in anderen mittelrheinischen Kirchen, in: Kirchen am Lebensweg. Festgabe zum 60. Geburtstag und 20. Bischofsjubiläum für Seine Eminenz Friedrich Kardinal Wetter, Erzbischof von München und Freising. Hg. v. Lothar Altmann (= Jahrbuch des Vereins für Christliche Kunst in München 17, 1988), München 1988, S. 113–132; cf. S. 116–117 – Walter HOTZ: Die Ostbauten des Domes zu Worms und der Abteikirche zu Murbach. Eine kunstgeschichtliche Synopse, in: Cahiers alsaciens d'archéologie, d'art et d'histoire 32, 1989, S. 111–121 – Friedrich MÖBIUS: Der Wormser Westchor, in: Geschichte der deutschen Kunst 1200–1350. Hg. v. Friedrich Möbius/Helga Sciurie. Leipzig 1989, S. 56–63 – Matthias UNTERMANN: Der Zentralbau im Mittelalter. Form – Funktion – Verbreitung. Darmstadt 1989, S. 214–220, 238 – Wolfgang BEEH: Deutsche Malerei um 1260–1550 im Hessischen Landesmuseum Darmstadt (= Kataloge des Hessischen Landesmuseums Nr. 15), Darmstadt 1990, S. 15–19 (Nr. 1) – BRÜHL 1990, S. 113–132 – GIERLICH 1990, S. 197–221 – Klaus RHEIDT: Der Westteil des Wormser Domes. Baugrund- und Fundamentschwächen eines mittelalterlichen Großbaues. Historische Sicherungskonzepte und -maßnahmen, in: Kleine Beiträge zur Geschichte von Baukonstruktion und Bautechnik (= Institut für Baugeschichte der Universität Karlsruhe, Materialien zu Bauforschung u. Baugeschichte Bd. 1), Karlsruhe 1990, S. 14–42 – Dethard VON WINTERFELD: Neue Gedanken zur alten Diskussion über den Wormser Westbau, in: Zeitschrift des Deutschen Vereins für Kunstwissenschaft 44, 1990, S. 76–91 [Nachdruck in: VON WINTERFELD 2003, S. 397–412] – Rüdiger FUCHS: Die Inschriften der Stadt Worms. Gesammelt u. bearb. v. ... (= Die Deutschen Inschriften Bd. 29; Mainzer Reihe Bd. 2), Wiesbaden 1991, S. 8–13, 19–38, 40, 45–49 – Eduard SEBALD: Neue Erkenntnisse zum romanischen Südportal des Wormser Doms, in: WG 15, 1987–91, S. 90–102 – Vorromanische Kirchen 1991, S. 463 (Werner JACOBSEN) – VON WINTERFELD 1993, S. 165–183, 201–206 – Hubertus SEIBERT: Reichsbischof und Herrscher. Zu den Beziehungen zwischen Königtum und Wormser Bischöfen in spätsalisch-frühstaufischer Zeit (1107–1217), in: ZGO 143, 1995, S. 97–144 – Das Bistum Worms. Von der Römerzeit bis zur Auflösung 1801. Hg. v. Friedhelm Jürgensmeier (= Beiträge zur Mainzer Kirchengeschichte Bd. 5), Würzburg 1998; darin die Beiträge von Andreas Urban FRIEDMANN: Das Bistum von der Römerzeit bis ins hohe Mittelalter (S. 13–43); Burkard KEILMANN: Das Bistum vom Hochmittelalter bis zur frühen Neuzeit (S. 44–193) – Gerold BÖNNEN: Barbarossa und die Bruderschaft. Anmerkungen und Mutmaßungen zur Nikolauskapelle des Wormser Domes, in: AMKG 49, 1997, S. 9–23 – Gerold BÖNNEN: Dom und Stadt – Zu den Beziehungen zwischen der Stadtgemeinde und der Bischofskirche im mittelalterlichen Worms, in: WG 17, 1998, S. 8–55 – Barbara DEIMLING: Ad Rufam Ianuam: Die rechtsgeschichtliche Bedeutung von „roten Türen" im Mittelalter, in: Zeitschrift der Savigny-Stiftung für Rechtsgeschichte, Germanist. Abt. 115, 1998, S. 498–513; cf. S. 510–511 – HIRSCHMANN 1998, S. 313–329 – Das Südportal des Wormser Doms (= Forschungsberichte zur Denkmalpflege, hg. v. Landesamt für Denkmalpflege Rheinland-Pfalz Bd. 5), Worms 1999; darin die Beiträge von Burkard KEILMANN: Bewahrung im Umbruch. Zum historischen Kontext des gotischen Portals (S. 25–35); Eduard SEBALD: Das romanische Südportal (S. 11–24) – Bischof Burchard 1000–1025. 1000 Jahre Romanik in Worms. [Ausstellungskatalog] Hg. v. Gerold Bönnen unter Mitarbeit v. Irene Spille. Worms 2000 – Bischof Burchard von Worms 1000–1025. Hg. v. Wilfried Hartmann (= QAMKG Bd. 100), Mainz 2000; darin der Beitrag von Gerold BÖNNEN: Bischof, Stifte, Stadt, Bevölkerung – Burchard von Worms und seine Civitas am Beginn des 11. Jahrhunderts (S. 311–348) – Michael Viktor SCHWARZ: Liturgie und Illusion. Die Gegenwart der Toten sichtbar gemacht (Naumburg, Worms, Pisa), in: Grabmäler. Tendenzen der Forschung an Beispielen aus Mittelalter und früher Neuzeit. Hg. v. Wilhelm Maier/Wolfgang Schmid/Michael Viktor Schwarz. Berlin 2000, S. 147–177; cf. S. 160–164 – Irene SPILLE: Rundgang durch das romanische Worms. Worms 2001, S. 2–10 – Gerold BÖNNEN: Zur Entwicklung von Stadtverfassung und Stadtgemeinde im hochmittelalterlichen Worms, in: ZGO 150, 2002, S. 113–159 – Gerold BÖNNEN: Zur Bedeutung der Stadt Worms für Friedrich Barbarossa: Dombau, Bruderschaft und Freiheitsprivileg, in: Kunst der Stauferzeit im Rheinland und in Italien. Akten der 2. Landauer Staufertagung 25.–27. Juni 1999. Hg. v. Volker Herzner/Jürgen Krüger/Franz Staab. Speyer 2003, S. 103–119 – Hubertus SEIBERT: Neue Forschungen zu Bistum, Bischöfen und Stadtgemeinde von Worms, in: ZGO 152, 2004, S. 53–95 – Gerold BÖNNEN: Zu den Voraussetzungen für die Wahl Speyers als Grablege durch König Konrad II. aus Wormser Sicht, in: Geistliche Zentralorte zwischen Liturgie, Architektur, Gottes- und Herrscherlob: Limburg und Speyer. Hg. v. Caspar Ehlers/Helmut Flachenecker (= Deutsche Königspfalzen. Beiträge zu ihrer historischen u. archäologischen Erforschung Bd. 6; Veröffentlichungen des Max-Planck-Instituts für Geschichte Bd. 11/6), Göttingen 2005, S. 141–156 – Geschichte der Stadt Worms. Hg. v. Gerold Bönnen. Stuttgart 2005; darin die Beiträge von Gerold BÖNNEN: Die Blütezeit des hohen Mittelalters: Von Bischof Burchard zum Rheinischen Bund (1000–1254) (S. 133–179); Gerold BÖNNEN/Joachim KEMPER: Das geistliche Worms: Stifte, Klöster, Pfarreien und Hospitäler bis zur Reformation (S. 691–734; cf. S. 692 f., 698, 701 f., 724); Irene SPILLE/Otto BÖCHER: Baugeschichte und Baudenkmäler (S. 735–792; cf. S. 739–745, 761) – Anke SCHMITT: Das Salische Kruzifix aus dem Wormser Dom. Technologische Untersuchung und vergleichende Interpretation, in: MZ 100, 2005, S. 51–68 – Gerold BÖNNEN: Die Wormser Domweihe 1110, König Heinrich V. und die Reliquienausstattung der Wormser Kirche, in: Archiv für hessische Geschichte u. Altertumskunde NF. 64, 2006, S. 1–25 – Irene SPILLE: Worms, Dom St. Peter (= Schnell Kunstführer Nr. 2513), Regensburg, 4. Aufl. 2007 – Alexandra KÖNIG: Die textilen Grabfunde aus dem Dom zu Worms, in: WG 26, 2008, S. 137–148 – Matthias UNTERMANN: Der Ostbau des Wormser Doms. Neue Überlegungen und Befunde zu Bauabfolge und Datierung sowie zur Weihe von 1110, in: WG 27, 2009, S. 189–203 – Aquilante DE FILIPPO: Die Bauskulptur des Mainzer und Wormser Domes und ihre Vorbilder in der Lombardei, in: Staufer u. Italien 2010, Bd. 1, S. 150–160; cf. S. 153–158 – Christian FORSTER: Die Pfarr- und Taufkirche St. Johannes in Worms, in: Staufer u. Italien 2010, Bd. 2, S. 106–107 – Matthias UNTERMANN/Wilfried E. KEIL: Der Ostbau des Wormser Doms. Neue Beobachtungen zu Bauabfolge, Bauentwurf und Datierung, in: In situ. Zeitschrift für Architekturgeschichte 2 (1), 2010, S. 5–20.

Speyer, Dom SS. Maria und Stefan

Johann GEISSEL: Der Kaiser-Dom zu Speyer. Eine topograph[isch]-histor[ische] Monographie. 3 Bde. Mainz 1828 – Franz Xaver REMLING: Geschichte der Bischöfe zu Speyer. 2 Bde. Mainz 1852, 1854. Nachdruck Pirmasens 1975; Orts-, Personen- u. Sachregister bearb. v. Jacob Lebon. Pirmasens 1976 – Wilhelm MOLITOR: Die Immunität des Domes zu Speyer. Eine rechtsgeschichtliche Monographie. Mainz 1859, S. 47–87 – F[ranz] X[aver] REMLING: Der Speyerer Dom, zunächst über dessen Bau, Begabung, Weihe unter den Saliern. Eine Denkschrift zur Feier seiner achthundertjährigen Weihe.

Mainz 1861 – Wilhelm MEYER-SCHWARTAU: Der Dom zu Speier und verwandte Bauten (die Dome zu Mainz und Worms, die Abteikirchen zu Limburg a. Hardt, Hersfeld und Kauffungen etc.). Berlin 1893 – Johannes PRAUN: Die Kaisergräber im Dom zu Speyer. Bericht über ihre Öffnung im August 1900, in: ZGO NF. 12, 1899, S. 381–427; auch: München 1903 – Hermann GRAUERT: Die Kaisergräber im Dome zu Speyer. Bericht über ihre Öffnung im August 1900, in: Sitzungsberichte der Königl. Bayer. Akademie der Wissenschaften, Historische Classe 1900. München 1901, S. 539–617 – Franz J[osef] BENDEL: Das Privilegium Kaiser Heinrichs V. für die Stadt Speier (1111 August 14.), in: MHVP 32, 1912, S. 23–59 – W[olfgang] M[aria] SCHMID: Ein griechisches Kunstwerk des XI. Jahrhunderts im Speierer Dom, in: MHVP 32, 1912, S. 15–22 – Hans WIBEL: Die ältesten deutschen Stadtprivilegien, insbesondere das Diplom Heinrichs V. für Speyer, in: Archiv für Urkundenforschung 6, 1918, S. 234–262 – Konrad VON BUSCH/Franz Xaver GLASSCHRÖDER: Chorregel und jüngeres Seelbuch des alten Speierer Domkapitels. 2 Bde. (= Historisches Museum der Pfalz e.V./Historischer Verein der Pfalz Bd. I-II), Speyer 1923, 1926 – Friedrich SPRATER: Die Kaiserpfalz zu Speyer, in: Pfälzisches Museum 44, 1927/Pfälzische Heimatkunde 23, 1927, S. 109–112 – Percy Ernst SCHRAMM: Umstrittene Kaiserbilder aus dem 9.-12. Jahrhundert, in: Neues Archiv der Gesellschaft für ältere deutsche Geschichtskunde 47, 1928, S. 469–494; cf. 9. Verlorenes Bild an der Westseite des Doms zu Speyer. S. 491–494 – Karl PREISENDANZ/Otto HOMBURGER: Das Evangelistar des Speyerer Domes. Bilderhandschrift des XII. Jahrhunderts in der Badischen Landesbibliothek Karlsruhe. Leipzig 1930 – Hermann SIEBERT: Das Innere des Speyerer Domes und seine Ausstattung, in: Kaiserdom und Liebfrauenmünster zu Speyer. Beiträge zum Domjubiläum 1030–1930. Speyer 1930, S. 37–41 – Albert BECKER: Der Speyrer Domnapf, in: Zeitschrift für Volkskunde 41, 1931, S. 43–46 – Franz Xaver GLASSCHRÖDER: Zur Frühgeschichte des Speierer Domkapitels, in: ZGO NF. 46, 1933, S. 481–497 – Die Kunstdenkmäler der Pfalz III: Stadt und Bezirksamt Speyer. Bearb. v. Bernh[ard] Hermann RÖTTGER (= Die Kunstdenkmäler von Bayern), München 1934, S. 31–409, 541, 622–624, 702–704 – [Franz] KLIMM: Wie wurde im Mittelalter das Fest Mariae Himmelfahrt im Kaiserdom gefeiert? In: Der Christliche Pilger 100, 1950, S. 696–697 – Joh[annes] Emil GUGUMUS: Die Speyerer Bischöfe im Investiturstreit. Forschungen zu Problemen über das Verhältnis von Kirche und Staat im ausgehenden 11. Jahrhundert, in: AMKG 3, 1951, S. 78–144 u. 4, 1952, S. 45–78 – Franz KLIMM: Der Kaiserdom zu Speyer. Speyer, 2. Aufl. 1953 – Jakob BAUMANN: Die Öffnung der Kaisergräber im Dom zu Speyer, im Sommer 1900. Speyer, 9. Aufl. überarb. v. Karl SCHULTZ 1954 – Hermann GRAF: Mönche und Geistliche als Architekten und Bauverwalter beim Bau des Klosters Limburg und des Speyerer Domes im 11. Jahrhundert, in: MHVP 54, 1956, S. 155–225 – Wolfgang MEDDING: Patrona Spirensis. Die Geschichte der wundertätigen Muttergottesstatue des Domes zu Speyer (= Das Neue Kunstarchiv H. 2), Speyer s.d. [1957] – Emil VIERNEISEL: Zur Geschichte der älteren Ausstattung des Speyerer Domes. Ein englischer Reisebericht von 1608, in: PH 10, 1959, S. 125–131 – Romuald BAUERREISS: Spirensia, in: Studien u. Mitteilungen zur Geschichte des Benediktinerordens u. seiner Zweige 71, 1960, S. 138–150 – 900 Jahre Speyerer Dom. Festschrift zum Jahrestag der Domweihe 1061–1961. Hg. v. Ludwig Stamer. Speyer 1961; darin die Beiträge von Hans CHRIST: Das Mittelschiff des Domes zu Speyer, das Werk Kaiser Heinrichs IV. und seines Hofkaplans Otto (S. 110–122); Johannes Emil GUGUMUS: Dedicatio Spirensis Ecclesie Antiqua. Zur Weihe des frühsalischen Speyerer Domes im Jahre 1061 (S. 175–187); Hans Erich KUBACH: Zur Baugeschichte des Domes (S. 71–109); Karl LUTZ: Der Kaiserdom zu Speyer als Wirkensstätte Bernhards von Clairvaux (S. 188–218) – Hans KUNZE: Der Westbau des Domes zu Speyer. Seine Urgestalt und seine Umgestaltung, in: PH 12, 1961, S. 81–95 – Alois LAMOTT: Codex Vindobonensis 1882, ein Liber ordinarius des Speyerer Domes aus dem 13. Jahrhundert, in: AMKG 13, 1961, S. 27–48 – Alois LAMOTT: Das Speyerer Diözesanrituale. Speyer 1961 – Karl Rudolf MÜLLER: Die Genauigkeit der „Wiener" und der „Kölner" Zeichnung des Speyerer Domes, in: PH 14, 1963, S. 90–98 – [Ludwig] A[nton] DOLL: Speyer als Königspfalz, in: Mittelrheinische Beiträge zur Pfalzenforschung. Arbeitstagung des Instituts für Geschichtliche Landeskunde an der Universität Mainz e.V. in Verbindung mit dem Max-Planck-Institut in Göttingen in Speyer am 3. und 4. Oktober 1963. Mainz 1964, S. 77–94 – Walter HAAS: Die Erbauer des Domes zu Speyer. Bauherren – Architekten – Handwerker, in: Zeitschrift für Kunstgeschichte 29, 1966, S. 223–240 – Karlwerner KAISER: Ausgrabungen in der Afrakapelle des Domes zu Speyer, in: PH 22, 1971, S. 49–52 – Anton L. DOLL: Überlegungen zur Grundsteinlegung und zu den Weihen des Speyerer Domes, in: AMKG 24, 1972, S. 9–25 – Der Dom zu Speyer. Bearb. v. Hans Erich KUBACH/Walter HAAS. 3 Bde. (= Die Kunstdenkmäler von Rheinland-Pfalz Bd. 5), München 1972 – Hans Erich KUBACH/Dethard VON WINTERFELD: Der letzte Abschnitt der Speyerer Domrestaurierung: Die Afrakapelle, in: PH 23, 1972, S. 104–108 [Nachdruck in: VON WINTERFELD 2003, S. 331–335] – Hans Erich KUBACH: Zu den romanischen Kapellen an den Domen von Mainz und Speyer, in: MZ 67–68, 1972–73, S. 118–121 – Klaus FIN-

KEL: Liturgisches Drama am Mittelrhein, in: Kirchenmusikalisches Jahrbuch 57, 1973, S. 25–28 – Willibald SAUERLÄNDER: Cluny und Speyer, in: Investiturstreit und Reichsverfassung. Hg. v. Josef Fleckenstein (= Vorträge u. Forschungen Bd. 17), Sigmaringen 1973, S. 9–32 [Nachdrucke in Willibald SAUERLÄNDER: Geschichte der Kunst – Gegenwart der Kritik. Hg. v. Werner Busch [et al.] Köln 1999, S. 28–66; Willibald SAUERLÄNDER: Romanesque Art. Problems and Monuments. Bd. 2. London 2004, S. 661–688 – Klaus FINKEL: Die Speyerer Domkantorei im Mittelalter (= Schriften des Diözesan-Archivs Speyer Bd. 1), Speyer 1975 – MÜLLER 1975, S. 23–26, 43–48, 67–69 – Fritz KLOTZ: Die ehemalige bischöfliche Pfalz zu Speyer im Jahre 1789, in: PH 27, 1976, S. 103–104 – Hans Erich KUBACH: Der Dom zu Speyer. Darmstadt 1976 [4. von Günther BINDING veränderte u. ergänzte Aufl. 1998] – SCHIEFFER 1976, S. 151–153, 264–271 – Wolfgang MÜLLER: Des Bischofs Pfalz – Burg – Schloss, in: AMKG 29, 1977, S. 9–23; cf. S. 16–17 – Lawrence G. DUGGAN: Bishop and Chapter. The Governance of the Bishopric of Speyer to 1552 (= Studies presented to the International Commission for the History of Representative and Paliamentary Institutions Bd. 62), New Brunswick/N.J. 1978 – Rolf BOHLENDER: Dom und Bistum Speyer. Eine Bibliographie (= Pfälzische Arbeiten zum Buch- u. Bibliothekswesen u. zur Bibliographie Bd. 8), Speyer, 2. Aufl. 1979 – Odilo ENGELS: Der Dom zu Speyer im Spiegel des salischen und staufischen Selbstverständnisses, in: AMKG 32, 1980, S. 27–40 – Ernst VOLTMER: Reichsstadt und Herrschaft. Zur Geschichte der Stadt Speyer im hohen und späten Mittelalter (= Trierer Historische Forschungen Bd. 1), Trier 1981 – Manfred GROTEN: Von der Gebetsverbrüderung zum Königskanonikat. Zur Vorgeschichte und Entwicklung der Königskanonikate an den Dom- und Stiftskirchen des deutschen Reiches, in: Historisches Jahrbuch 103, 1983, S. 1–34; cf. S. 21–22, 24 – Ernst VOLTMER: Von der Bischofsstadt zur Reichsstadt. Speyer im Hoch- und Spätmittelalter (10. bis Anfang 15. Jahrhundert), in: Geschichte der Stadt Speyer, Bd. I. Red. Wolfgang Eger. Stuttgart [et al.], 2. Aufl. 1983, S. 249–368 – Karl SCHMID: Die Sorge der Salier um ihre Memoria. Zeugnisse, Erwägungen und Fragen, in: Memoria. Der geschichtliche Zeugniswert des liturgischen Gedenkens im Mittelalter. Hg. v. Karl Schmid/Joachim Wollasch (= Münstersche Mittelalter-Schriften Bd. 48), München 1984, S. 666–726 – STREICH 1984, S. 214–216, 445–450 – Walter HAAS: Der Dom zu Speyer (= Die Blauen Bücher), Königstein im Taunus, 3. Aufl. 1988 – Gerhard FOUQUET: Das Speyerer Domkapitel im späten Mittelalter (ca. 1350–1540). Adlige Freundschaft, fürstliche Patronage und päpstliche Klientel (= QAMKG Bd. 57), 2 Bde. Mainz 1987 – Ingrid HEIDRICH: Beobachtungen zur Stellung der Bischöfe von Speyer im Konflikt zwischen Heinrich IV. und den Reformpäpsten, in: Frühmittelalterliche Studien 22, 1988, S. 266–285 – Kirchen am Lebensweg. Festgabe zum 60. Geburtstag und 20. Bischofsjubiläum für Seine Eminenz Friedrich Kardinal Wetter, Erzbischof von München und Freising. Hg. v. Lothar Altmann (= Jahrbuch des Vereins für Christliche Kunst in München 17, 1988), München 1988; darin die Beiträge von Hermann FISCHER/Theodor WOHNHAAS: Mittelalterliche Orgelstandorte im Speyerer Dom und in anderen mittelrheinischen Kirchen (S. 113–132); Walter HAAS: Der Platz von Bischof und Domkapitel im Speyerer Dom (S. 205–224); Clemens JÖCKLE: Benno von Osnabrück: Anmerkungen zu seiner Bautätigkeit am Dom zu Speyer (S. 87–100); Dethard VON WINTERFELD: Die Rippengewölbe des Domes zu Speyer (S. 101–112) [Nachdruck in: VON WINTERFELD 2003, S. 347–358] – Jochen ZINK: Die „Freistellung" des Speyerer Domes im 19. Jahrhundert, in: Baukunst des Mittelalters in Europa. Hans Erich Kubach zum 75. Geburtstag. Hg. v. Franz J. Much. Stuttgart 1988, S. 611–658 – Dethard VON WINTERFELD: Sehen und verstehen von Architektur am Beispiel des Speyerer Domes, in: Geisteswissenschaften – wozu? Beispiele ihrer Gegenstände und Fragen. Eine Vortragsreihe der Johannes Gutenberg-Universität zu Mainz im Wintersemester 1987/1988. Hg. v. Hans-Henrik Krummacher. Stuttgart 1988, S. 123–161 – Wolfgang GIESE: Otto von Bamberg und der Speyerer Dombau, in: Historischer Verein für die Pflege der Geschichte des ehemaligen Fürstbistums Bamberg, Bericht 125, 1989, S. 105–113 – Hans Erich KUBACH: Über die Portale des Domes zu Speyer, in: Cahiers alsaciens d'archéologie, d'art et d'histoire 32, 1989, S. 123–128 – BRÜHL 1990, S. 133–148 – GIERLICH 1990, S. 185–196 – L. Anton DOLL: Es ist Speier ein alte stat. Ansichten aus vier Jahrhunderten 1492–1880. Ausgewählt u. beschrieben von ... Speyer 1991 – Ingrid HEIDRICH: Die Bischöfe von Speyer in der Salierzeit und der Dombau, in: Rheinische Vierteljahrsblätter 55, 1991, S. 1–20 – Siedlungen und Landesausbau zur Salierzeit. Teil 2: In den südlichen Landschaften des Reiches. Hg. v. Horst Wolfgang Böhme (= Römisch-Germanisches Zentralmuseum, Monographien Bd. 28), Sigmaringen 1991; darin die Beiträge von Renate ENGELS: Zur Topographie Speyers im hohen Mittelalter (S. 153–176); Hansjörg GRAFEN: Die Speyerer im 11. Jahrhundert. Zur Formierung eines städtischen Selbstverständnisses in der Salierzeit (S. 97–152) – Ingrid HEIDRICH: Bischöfe und Bischofskirche von Speyer, in: Die Salier und das Reich. Bd. 2: Die Reichskirche in der Salierzeit. Hg. v. Stefan Weinfurter. Sigmaringen 1992, S. 187–224 – Das Reich der Salier 1024–1125. Katalog zur Ausstellung des Landes Rheinland-Pfalz [Römisch-Germanisches Zentralmuseum u. Bischöfliches Dom- u. Diözesanmuseum Mainz in Speyer 1992], Sigmaringen 1992; darin die Beiträge von Horst Wolfgang BÖHME: Modell: Die Königs- und Bischofspfalz neben dem Dom zu Speyer (S. 425–426); Konrad u. Margarete WEIDEMANN/Mechthild SCHULZE-DÖRRLAMM: Denkmäler des Königtums II (S. 286–300) – Stefan WEINFURTER: Herrschaftslegitimation und Königsautorität im Wandel: Die Salier und ihr Dom zu Speyer, in: Die Salier und das Reich. Bd. 1: Salier, Adel und Reichsverfassung. Hg. v. Stefan Weinfurter. Sigmaringen 1992, S. 55–96 – Paul HABERMEHL: Von Domstift und Nebenstiften, Stuhlbrüdern und Glocken, Kerzen und Kosten. Begräbnisriten im 15. Jahrhundert, dargestellt anhand eines Speyerer Sakristanbuchs, in: MHVP 91, 1993, S. 127–161 – VON WINTERFELD 1993, S. 47–67, 85–115 – Odilo ENGELS: Die kaiserliche Grablege im Speyerer Dom und die Staufer, in: Papstgeschichte und Landesgeschichte. Festschrift für Hermann Jacobs zum 65. Geburtstag. Hg. v. Joachim Dahlhaus/Armin Kohnle (= Beihefte zum Archiv für Kulturgeschichte Bd. 39), Köln/Weimar/Wien 1995, S. 227–254 – Caspar EHLERS: Metropolis Germaniae. Studien zur Bedeutung Speyers für das Königtum (751–1250) (= Veröffentlichungen des Max-Planck-Instituts für Geschichte Bd. 125), Göttingen 1996 – Hansjörg GRAFEN: Forschungen zur älteren Speyerer Totenbuchüberlieferung. Mit einer Textwiedergabe der Necrologanlage von 1273 (= QAMKG Bd. 74), Mainz 1996 – Hans-Josef KREY: Bischöfliche Herrschaft im Schatten des Königtums. Studien zur Geschichte des Bistums Speyer in spätsalischer und frühstaufischer Zeit (Europäische Hochschulschriften Reihe III, Bd. 703), Frankfurt a.M. 1996 – Ernst-Dieter HEHL: Maria und das ottonisch-salische Königtum. Urkunden, Liturgie, Bilder, in: Historisches Jahrbuch 117, 1997, S. 271–310 – Georg GRESSER: Das Bistum Speyer bis zum Ende des 11. Jahrhunderts (= QAMKG Bd. 89), Mainz 1998 – HIRSCHMANN 1998, S. 329–356 – Thomas MEIER: Zwischen Stiftern und Heiligen – Die Saliergräber im Speyerer Dom, in: Beiträge zur Mittelalterarchäologie in Österreich 14, 1998, S. 37–48 – Ludwig Anton DOLL: Ubi maxima vis regni esse noscitur. Ausgewählte Abhandlungen zur Pfälzischen Geschichte. Hg. v. Hartmut Harthausen (= QAMKG Bd. 96), Mainz 1999; darin die Beiträge: Wie Christi Himmelfahrt einst im Speyerer Dom gefeiert wurde (S. 465–466) [Erstveröffentlichung 1949]; Die Karwoche im Speyerer Dom vor 500 Jahren (S. 467–469) [Erstveröffentlichung 1951]; Eine Osterfeier im Dom zu Speyer. Nach einem Zeremonienbuch des Domsakristans aus dem 16. Jahrhundert (S. 477–480) [Erstveröffentlichung 1954] – Karl-Markus RITTER: Substanzsicherung und Denkmalpflege mit innovativen Lösungen. Zweiter Vorbericht zur Baukampagne 1996 bis 2010 am Kaiserdom zu Speyer, in: AMKG 51, 1999, S. 517–540 – Caspar EHLERS: Unendliche Gegenwart. Speyer zwischen Konrad II. und Stefan George, in: Stiftungen und Stiftungswirklichkeiten. Vom Mittelalter bis zur Gegenwart. Hg. v. Michael Borgolte (= Stiftungsgeschichten Bd. 1), Berlin 2000, S. 11–37 – Stefan WEINFURTER: Salisches Herrschaftsverständnis im Wandel. Heinrich V. und sein Privileg für die Bürger von Speyer, in: Frühmittelalterliche Studien 36, 2002, S. 317–335 – Hans AMMERICH: Der Dom zu Speyer (= Das Bistum Speyer und seine Geschichte Bd. 6), Kehl am Rhein 2003 – Sabine KAUFMANN: Kaiserdom und Domschatz. Speyer, 2. Aufl. 2003 – Manuela BEER: Triumphkreuze des Mittelalters. Ein Beitrag zu Typus und Genese im 12. und 13. Jahrhundert. Regensburg 2005, S. 172–174 – Jörg FINKBEINER: Der salische Dombau zu Speyer. Speyer 2005 – Geistliche Zentralorte zwischen Liturgie, Architektur, Gottes- und Herrscherlob: Limburg und Speyer. Hg. v. Caspar Ehlers/Helmut Flachenecker (= Deutsche Königspfalzen. Beiträge zu ihrer historischen und archäologischen Erforschung Bd. 6; Veröffentlichungen des Max-Planck-Instituts für Geschichte Bd. 11/6), Göttingen 2005; darin die Beiträge von Gerold BÖNNEN: Zu den Voraussetzungen für die Wahl Speyers als Grablege durch König Konrad II. aus Wormser Sicht (S. 141–156); Caspar EHLERS: Ein Erinnerungsort im 12. Jahrhundert: Speyer (S. 119–140); Odilo ENGELS: Die Königsgräber der nachsalischen Zeit (S. 175–181); Helmut FLACHENEKKER: Das Bild der Kaisergräber in der Speyerer Bistumschronistik (S. 183–196); Stefan WEINFURTER: Speyer und die Könige in salischer Zeit (S. 157–173) – Canossa 1077. Erschütterung der Welt. Geschichte, Kunst und Kultur am Aufgang der Romanik. Hg. v. Christoph Stiegemann/Matthias Wemhoff. 2 Bde. München 2006; darin die Beiträge von Elisabeth HANDLE/Clemens KOSCH: Standortbestimmungen. Überlegungen zur Grablege Rudolfs von Rheinfelden im Merseburger Dom (Bd. I Essays, S. 529–541); Michael PETER/Dethard VON WINTERFELD: Die Saliergrablege im Dom zu Speyer (Bd. II Katalog, S. 239–242); Dethard VON WINTERFELD: Wettstreit oder historischer Zufall: Cluny III – Speyer II (Bd. I Essays, S. 343–358) – Hartmut JERICKE: Der Speyerer Dom und seine Bedeutung als zentrale Grablege des abendländischen Kaisertums im 12. Jahrhundert, in: ZGO 154, 2006, S. 77–110 – Thomas MEIER: Krise und Argument: Die vielen Gräber Kaiser Heinrichs IV., in: Herrschaft – Tod – Bestattung. Zu den vor- und frühgeschichtlichen Prunkgräbern als archäologisch-historische Quelle. Internationale Fachkonferenz Kiel 16.-19. Oktober 2003. Hg. v. Claus von Carnap-Bornheim/Dirk Krausse/Anke Wesse (= Universitätsforschungen zur prähistorischen Archäologie Bd. 139), Bonn 2006, S. 185–206 – Klaus NIEHR: Zeichen des mittelalterlichen Reichs? Speyer – Königslutter – Prag, in: Heilig – Römisch – Deutsch. Das Reich im mittelalterlichen Europa. Hg. v. Bernd Schneidmüller/Stefan Weinfurter. Dresden 2006, S. 372–398; cf. S. 376–387 – Caspar EHLERS: Ein Erinnerungsort im 12. Jahrhundert? Das Speyerer Domkapitel und Heinrich V., in: Robert Folz (1910–1996). Mittler zwischen Frankreich und Deutschland. Actes du Colloque „Idée d'Empire et Royauté au Moyen Age: Un regard franco-allemand sur l'oeuvre de Robert Folz", Dijon 2001. Hg. v. Franz J. Felten/Pierre Monnet/Alain Saint-Denis (= Geschichtliche Landeskunde Bd. 60), Stuttgart 2007, S. 35–49 – Hans-Joachim KRAUSE: Zur entwicklungsgeschichtlichen Einordnung und Datierung der Arkosolnische und der Phasen des Grabbaus, in: Das Heilige Grab in Gernrode. Bestandsdokumentation und Bestandsforschung. Unter Leitung v. Hans-Joachim Krause/Gotthard Voß bearb v. Rainer Kahsnitz/Hans-Joachim Krause/Gerhard Leopold/Roland Möller (= Beiträge zur Denkmalkunde in Sachsen-Anhalt Bd. 3; Denkmäler Deutscher Kunst), Berlin 2007, S. 264–310; cf. S. 271–288 – Dethard VON WINTERFELD: Der Dom Heinrichs IV. und sein Rang in europäischer Perspektive, in: Salisches Kaisertum und neues Europa. Die Zeit Heinrichs IV. und Heinrichs V. Hg. v. Bernd Schneidmüller/Stefan Weinfurter. Darmstadt 2007, S. 371–409 – Die Salier, das Reich und der Niederrhein. Hg. v. Tilman Struve. Köln/Weimar/Wien 2008; darin die Beiträge von Gerold BÖNNEN: Aspekte gesellschaftlichen und stadtherrschaftlichen Wandels in salierzeitlichen Städten (S. 207–281, cf. S. 271–274); Caspar EHLERS: *Corpus eius in Spiream deportatur*. Heinrich V. und der Tod Heinrichs IV. zu Lüttich (S. 99–114) – Bruno THIEBES: Kleines Dombuch. Einführung in Geschichte, Bau und Bedeutung des Domes zu Speyer. Neu bearb. u. ergänzt v. Hans AMMERICH. Speyer, 12. Aufl. 2008 – Bischöfliches Bauen im 11. Jahrhundert. Archäologisch-historisches Forum. Hg. v. Jörg Jarnut/Ansgar Köb/Matthias Wemhoff (= MittelalterStudien des Instituts zur Interdisziplinären Erforschung des Mittelalters u. seines Nachwirkens, Paderborn Bd. 18), München 2009; darin die Beiträge von Simone HEIMANN: Die Ausbildung hochmittelalterlicher Bischöfe zu Architekten – Überlegungen am Beispiel Bischof Bennos II. von Osnabrück (S. 137–151); Xenia STOLZENBURG: Bestattungen *ad sanctissimum* – Die Heiligen Gräber von Konstanz und Bologna im Zusammenhang mit Bischofsgräbern (S. 89–107) – Manuela BEER: Orte und Wege. Überlegungen zur Aufstellung und Verwendung frühmittelalterlicher Marienfiguren, in: „Luft unter die Flügel ...". Beiträge zur mittelalterlichen Kunst. Festschrift für Hiltrud Westermann-Angerhausen. Hg. v. Andrea von Hülsen-Esch/Dagmar Täube (= Studien zur Kunstgeschichte Bd. 181), Hildesheim/Zürich/New York 2010, S. 99–121 – Richard W. GASSEN: Romanik in der Pfalz. Petersberg 2010, S. 168–191 – Peter SCHAPPERT: Speyerer Domkalender. Speyer 2010 – Andreas ODENTHAL: Gottesdienst, Sakraltopographie und Saliermemorie. Zum Liber Ordinarius des Speyerer Domes aus dem 15. Jahrhundert, in: Zeitschrift für Kirchengeschichte 60, 2011 [im Druck] – Bernd PÄFFGEN: Die Speyerer Bischofsgräber und ihre vergleichende Einordnung. Eine archäologische Studie zu Bischofsgräbern in Deutschland von den frühchristlichen Anfängen bis zum Ende des Ancien Régime. Friedberg 2011 – Elisabeth HANDLE/Clemens KOSCH: Standortbestimmungen II. Überlegungen zu den Grablegen des Kaiserpaares Heinrich IV./Bertha und seines Sohnes Heinrich V. [in Vorbereitung] – Der Liber Ordinarius der Speyerer Domkirche. Kritische Edition und Einleitung. Hg. v. Andreas Odenthal/Erwin Frauenknecht (= Liturgiewissenschaftliche Quellen u. Forschungen), Münster [erscheint 2012].

Umschlag-Rückseite

Die Kunstdenkmäler der Pfalz III: Stadt und Bezirksamt Speyer. Bearb. v. Bern[hard] Hermann Röttger (= Die Kunstdenkmäler von Bayern), München 1934, S. 398 – Spätgotik am Oberrhein. Meisterwerke der Plastik und des Kunsthandwerks 1450–1530. [Ausstellungskatalog Badisches Landesmuseum Karlsruhe] 4. Juli – 5. Oktober 1970. Karlsruhe 1970, S. 298–300 (Nr. 272) – Der Dom zu Speyer. Bearb. v. Hans Erich KUBACH/Walter HAAS (= Die Kunstdenkmäler von Rheinland-Pfalz Bd. 5), München 1972, S. 73 (Nr. 4) – Gerhard FOUQUET: Das Speyerer Domkapitel im späten Mittelalter (ca. 1350–1540). Adlige Freundschaft, fürstliche Patronage und päpstliche Klientel (= QAMKG Bd. 57), 2 Bde. Mainz 1987, S. 51–52, 285, 411–413 – Eva-Maria KAUFMANN: Jakobs Traum und der Aufstieg des Menschen zu Gott. Das Thema der Himmelsleiter in der bildenden Kunst. Tübingen 2006 – Helga FABRITIUS/Clemens KOSCH: Der Dom zu Speyer als spätgotische Reliefstickerei [in Vorbereitung].

Glossar

(Die *kursiv* gesetzten Begriffe sind Querverweise und finden sich nach alphabetischer Reihenfolge an entsprechender Stelle im Glossar erklärt)

Abkragung/abkragen: Abschrägung einer *Vorlage* oberhalb des Fußbodens
Adventus: (lat. „Ankunft") *liturgisches* Empfangszeremoniell für hochgestellte Persönlichkeiten in einem *Stift* oder *Kloster* durch dessen *Konvent*
Ädikula: (lat.) giebelbekrönte Säulenrahmung u.a. von Portalen, Altarnischen, Wandgräbern
Albe: (lat. „weiß") liturgisches Untergewand
Antependium: auf der Vorderseite eines Altares angebrachter Schmuck (Tafel aus Stein oder Edelmetall, Stoffbehang)
apotropäisch: (griech.) zur Abwehr von Dämonen besonders an Kirchenportalen und -fenstern angebrachte Figuren in deren angenommener Gestalt, um (nach Mt 12,26–27) Gleiches mit Gleichem zu bekämpfen
Apsis/Apsiden: halbkreisförmiger Abschluss von *Chor* bzw. *Sanktuarium*, in der Regel Aufstellungsort eines Altares
Apsidiole: kleine nischenartige *Apsis*
Arkade: Bogen mit seinen beiden seitlichen Auflagern oder Stützen. Siehe auch *Blendbogen*
Arkatur: *Arkaden*reihung
Arkosol: (lat.) Wandnische mit Bogen über Erdbestattung, *Sarkophag* oder *Tumba*
Armarium: (lat.) Büchernische oder -schrank, allgemeiner auch Bezeichnung für *Sakristei*, *Schatzkammer*
Aspergill: (lat.) Weihwasserwedel
Atlant: (griech.) männliche Stützfigur eines Architekturgliedes (u.a. Deckenbalken, Gesims, Wand*vorlage*), im Mittelalter oft als Baumeister dargestellt
Atrium: von Mauern und/oder *Arkaden*galerien umgebener Vorhof der Kirche, im Gegensatz zum *Kreuzgang* für Laien zugänglich
Augustinusregel: dem Kirchenvater Augustinus (354–430) zugeschriebene älteste Regelung des Gemeinschaftslebens der *Kanoniker*
axial: auf die Hauptachse eines Gebäudes ausgerichtet
Basilika/basilikal: mehrschiffiger (Kirchen-)Bau, dessen Mittelschiff mit seinem *Obergaden* höher hinaufreicht und eigene Fenster hat. Die parallelen Schiffe werden von Stützenreihen (Säulen oder Pfeiler) getrennt
Basis: mit Profilierung versehener Fuß einer Säule oder eines Pfeilers. Das in der *Romanik* verbreitete attische Basisprofil besteht aus einer Kehle zwischen zwei Wülsten
Berührungsreliquien: siehe *Reliquien*
Blendbogen/-arkade: meist unter Verwendung von *Vorlagen* gebildeter bogenförmiger Rücksprung einer Wandoberfläche bzw. dessen Aneinanderreihung
Canossa: Der Name dieser oberitalienischen Burg bezeichnet den Höhe- und Wendepunkt des *Investiturstreites*: Im Januar des Jahres 1077 unternahm der gebannte König Heinrich IV. seinen dramatischen Bußgang zum dort befindlichen Papst Gregor VII.
Chor: (lat. „chorus psallentium") für den *Konvent*gottesdienst durch *Chorschranken* abgesonderter Teil des Kirchengebäudes, Aufstellungsort des *Chorgestühls*. Allgemeiner gefasst und daher missverständlich auch für den Bereich des *Hochaltares* verwendet (zutreffend: *Sanktuarium*)
Chorflankenturm: Turm, der (meist paarweise) seitlich an einen *Chor* (tatsächlich oft: an ein *Sanktuarium*) gebaut ist. Siehe auch *Chorwinkelturm*
Chorgestühl (Sedilien, Stallen): Sitz- und Kniebänke der *Konvent*mitglieder im *Chor*, seit hochmittelalterlicher Zeit versehen mit Rückwand (*Dorsale*), Armlehnen und hochklappbarem Sitzbrett. Im Speyerer Dom gab es auch vor dem *Kreuzaltar* Sitzreihen für die *Stuhlbrüder*
Chorschranke: im Mittelalter meist übermannshohe Mauer, die den *Chor* der *Konvent*mitglieder vom übrigen, auch Laien zugänglichen Innenraum einer Kirche absondert
Chorwinkelturm: Meist paarweise auftretender Turm im Winkel von *Chor* (zumeist aber *Sanktuarium*) und *Querschiff*arm einer Kirche
Confessio: (lat.) evtl. begehbare Kammer für ein Heiligengrab unter einem (Haupt-) Altar, oft in Verbindung mit einer *Krypta*
Deesis: (griech. „Fürbitte") verbreitetes mittelalterliches Bildmotiv mit frontaler Darstellung des segnenden Christus auf einem Thronsitz, flankiert von Maria und Johannes dem Täufer, die um Gnade für die Menschheit bitten
Dekagon: (griech.) Zehneck
Dekan/Dechant: nach dem *Propst* im Rang zweithöchster Amtsinhaber (*Dignitär*) eines *Kanoniker-Stifts*, als dessen geistlicher Leiter immer im Besitz der Priesterweihe
Dendrochronologie/-logisch: naturwissenschaftliche Analyse der Jahresringe eines hölzernen Objektes oder Bauteils, die seine mehr oder weniger exakte Datierung ermöglichen kann

Dignitäre: Inhaber der wichtigsten Ämter eines *Kanoniker-Stifts* (*Propst, Dekan, Scholaster, Kustos, Kantor*) mit besonderen Vorrechten, oft im Rang eines Prälaten

Domizellar: (lat.) noch nicht mit eigener *Präbende* ausgestatteter Anwärter auf ein *Kanonikat*, daher im *Kapitel* ohne Sitz und Stimme

Domstift: *Kollegiatkapitel* an einer Bischofskirche

Dormitorium: (lat.) gemeinschaftlicher Schlafsaal der *Konvent*angehörigen in der *Klausur*, während des *Hochmittelalters* noch ohne Trennwände und Einzelzellen

Dorsale: Rückwand und/oder Rücklehne eines *Chorgestühls*

Dreikonchenchor: siehe *Trikonchos*

Drei(vier-, acht)pass/-förmig: aus drei/vier/acht Kreissegmenten zusammengesetztes Bauglied

Empore: hochgelegener galerieartiger Einbau, zum Kircheninneren durch *Arkaden* geöffnet

Eucharistie/eucharistisch: das in der Messfeier vollzogene Sakrament des Abendmahles. Man versteht darunter ebenso die Sakramentsmaterien Brot und Wein: Sie werden durch die Wandlungsworte des Priesters Leib und Blut Christi

Faldistorium: (lat.) nicht ortsfester Klappsessel für ranghohe Amtsinhaber

Familia: Gesamtheit der Dienstleute (Laien) eines *Klosters* oder *Stifts*, von diesem rechtlich abhängig und seelsorglich betreut

Fenestella: (lat.) kleine Boden- oder Wandöffnung, oft als Raumverbindung zu einem Heiligengrab (siehe auch *Hagioskop, Oculus*)

Gebundenes System: siehe *Joch*

Gewände: Schräg in die Mauerstärke geführte, oft auch gestufte Einschnittfläche von *Arkaden,* Fenstern oder *Stufen-* bzw. *Trichterportalen*

Gewölbe: gekrümmt gemauerte Überdeckung eines Raumes bzw. Raumteils. Längsgerichtete *Tonnengewölbe* ruhen auf zwei einander gegenüberstehenden Wänden oder Stützenreihen. Darin einschneidende *Stichkappen* verlaufen quer zu seiner Hauptrichtung. *Kreuzgratgewölbe* bestehen aus Tonnen gleicher Scheitelhöhe, die einander rechtwinklig durchdringen. Bei *Kreuzrippengewölben* sind die einzelnen Gewölbekappen zwischen kreuzförmig diagonal gespannte, tragende Bogenelemente eingebunden. *Hängekuppeln* haben die Form einer Halbkugel, deren gedachte Grundlinie ein Rechteck umschreibt, so dass auf allen vier Seiten Kreissegmente abgeschnitten werden

Gotik/gotisch: auf die *Romanik* folgende Stilstufe, in Deutschland von der Mitte des 13. bis zum Beginn des 16. Jahrhunderts herrschend

Hagioskop: (griech.) kleine Wandöffnung (siehe auch *Fenestella, Oculus*) besonders in Sakristeien und Schatzkammern: nicht zum Hindurchblicken geeignet, sondern nach mittelalterlicher Vorstellung zur Ausstrahlung von Heilswirkung (z.B. dahinter verwahrter *Reliquiare*)

Hallenkrypta: siehe *Krypta*

Hallenlettner: siehe *Lettner*

Heiltum: Besitz einer Kirche an *Reliquien* und *Reliquiaren,* gewöhnlich unter Verschluss in der *Schatz-* (oder deshalb auch Heiltums-) *kammer* oder *Sakristei*

Hexagon: (griech.) Sechseck

Himmelsleiter: siehe *Jakobs Traum*

Hochaltar: Hauptaltar im *Sanktuarium* einer Kirche, gewöhnlich mit gleichem *Patrozinium*

Hochmittelalter: hier verstanden als Geltungsdauer des Stils der *Romanik* und *Frühgotik* von ca. 1000–1300

Horen: (lat. „Stunden") sieben über den Tag verteilte gemeinschaftliche Gebetsübungen des *Konvents* oder *Kapitels*

Immunität: häufig durch Mauern und Tore eingefasster, von der weltlichen Obrigkeit unabhängiger Bezirk eigenen Rechts um Kirche und Nebengebäude einer geistlichen Institution (Kathedrale, Kloster oder *Stift*)

Inful/infuliert: (lat.) rückwärtig herabhängende Stoffstreifen der bischöflichen Kopfbedeckung (*Mitra*) sowie diese selbst. Das Ehrenvorrecht des *Mitra*tragens kam auch bestimmten Prälaten (Kloster- und Stiftsdignitären) zu, die man deshalb *infuliert* nennt

Investiturstreit: Epochale Auseinandersetzung über den Vorrang von weltlicher oder geistlicher Gewalt im Abendland, entzündet unter Papst Gregor VII. (1073–85) an der Frage der Einsetzung (Investitur) von Bischöfen und Äbten durch den deutschen König, vertraglich beigelegt 1122 mit dem Wormser Konkordat

Jakobs Traum: Das seit frühchristlicher Zeit geläufige Bildmotiv zeigt den alttestamentlichen Patriarchen schlafend auf einem Stein. Im Traum erscheinen ihm Engel, die auf einer Leiter zum Himmel emporsteigen. Unter verschiedenen Deutungsmöglichkeiten auch ein Bezug zur Kirchweihliturgie, da der Stein als Präfiguration der christlichen Altarplatte (*Mensa*) galt

Joch: von Stützen (Pfeiler- oder Säulenpaaren) bestimmter Raumteil eines Kirchenschiffs, Klausur- oder Profanraumes. Beim *gebundenen System* wurde ein quadratisches Mittelschiffjoch mit je zwei Seitenschiffjochen von halber Seitenlänge kombiniert

Kämpfer: Ansatz eines Bogens oder *Gewölbes*, oberhalb eines *Kapitells* oft hervorgehoben durch eine vorspringende, mit Profilierung versehene Steinplatte. Sattelkämpfer bilden durch seitliches Ausladen einen Übergang zur Mauerstärke der Arkade

Kanoniker/Kanonikat: Weltgeistliche (Priester oder lediglich Inhaber niederer Weihen), die ihr gemeinschaftliches Leben in einem *Stift* nach kirchlichen

Vorschriften (lat. „Canones") auf Grundlage der *Augustinusregel* führen

Kanzellettner: siehe *Lettner*

Kapelle: kleiner, von einem anderen Gotteshaus kirchenrechtlich abhängiger Sakralbau oder Annex einer Kirche mit Nebenaltar

Kapitel: Gemeinschaft von *Mönchen/Nonnen* oder *Kanonikern/Kanonissen* (siehe auch *Konvent*) sowie ihre tägliche Versammlung

Kapitell: skulptierter Säulenkopf

Kapitelsaal: Versammlungsraum einer Geistlichen Gemeinschaft (siehe auch *Konvent*, *Kapitel*), gelegen am *Kreuzgang* innerhalb der *Klausur*

Kasel/Kaselstab: (lat.) Obergewand des zelebrierenden Priesters bei der Messfeier, im Hochmittelalter glockenförmig. Seit dem 12. Jahrhundert sind seine liturgischen Farben im Ablauf des Kirchenjahres festgelegt. Aufgenähte Schmuckbahnen, oft mit figürlichen Szenen, nennt man Kaselstab.

Kathedra: (griech.) Thronsitz des Bischofs im *Sanktuarium* seiner Kathedrale

Klausur(anlage): Komplex der Wohn- und Arbeitsräume einer Geistlichen Gemeinschaft im Anschluss an die *Konvent*kirche, d.h. Ort ihrer *vita communis* und gewöhnlich für Laien und Angehörige des jeweils anderen Geschlechts nicht zugänglich

Kleeblattchor: siehe *Trikonchos*

Kollegiatkapitel/-stift: siehe *Stift*

Konche: (griech.) siehe *Apsis*

Konsekration/konsekriert: (lat.) Weihe eines Altars oder einer Kirche durch den Bischof sowie Wandlung von Brot und Wein in Leib und Blut Christi durch den *Zelebranten* bei der *Eucharistie*feier

Konvent: die Gesamtheit der geistlichen Angehörigen eines Klosters oder *Stifts*

korinthisch: aus der antiken Baukunst abgeleitete Form des *Kapitells*, um dessen Kelch hintereinander stehende Blattkränze und daraus aufsteigende Palmettenstengel mit eingerollten Spitzen (Voluten) gelegt sind

Kreuzaltar: in *Konvent*kirchen (seltener auch *Pfarr*kirchen) der am Ende des *Langhauses* zentral gelegene Laienaltar besonders für Seelenmessen. Er steht oft vor einer *Chorschranke* oder einem *Lettner*, dessen vortretende Bühne ihn als *Ziborium* einfassen kann

Kreuzgang: meist vierflügelige *Arkaden*galerie um einen an die *Konvent*kirche grenzenden Binnenhof, gesäumt von den Gemeinschaftsräumen der *Klausur*

Kreuzgrat-, Kreuzrippengewölbe: siehe *Gewölbe*

Krypta: (griech.) gottesdienstlicher Raum unter dem *Sanktuarium* und oft auch *Chor* einer Kirche. Im Frühmittelalter überwiegend in Form gewölbter Gänge (*Ring-*, *Stollen-* oder *Umgang*krypta), sonst als mehrschiffige *Hallen*krypta

Kurie: (lat.) Einzelwohnung von *Kanonikern* oder *Kanonissen*, die nach Auflösung der *vita communis* ihres *Konvents* nicht mehr in der *Klausuranlage* des betreffenden *Stifts* lebten

Langhaus: Kirchenschiff, das in der Regel allgemein zugänglich war, im Gegensatz zum Klerikern und *Konvent*mitgliedern vorbehaltenen *Chor*

Lettner: (lat. „lectorium") bühnenartige Querschranke zur Absonderung des *Chores* von dem meist auch Laien zugänglichen *Langhaus* einer *Konvent*kirche. Die auf Stützen vor geschlossener Rückwand mehrjochig gewölbte Form heißt *Hallenlettner*. Beim *Kanzellettner* tritt die Lettnerbühne nur im Mittelteil über dem *Kreuzaltar* als *Ziborium* vor

Liber Ordinarius: (lat.) Sammlung von Anweisungen für den Ablauf liturgischer Handlungen in einer bestimmten Kathedrale, *Stifts*- oder *Kloster*kirche, zumeist mit entsprechenden Ortsangaben

Lisene: schwach vortretende senkrechte Wandvorlage, oft durch *Blendbogen* oder Bogenfries miteinander verbunden

Liturgie/liturgisch: kirchenamtlich festgelegte Ordnung des öffentlichen Kultes und Gottesdienstes (speziell der *Eucharistie*feier) mit seinen Einzelhandlungen und formalen Bedingungen, im Gegensatz zur privaten Andacht

Maiestas Domini: (lat.) Bildtypus des thronenden Christus umgeben von den vier Evangelistensymbolen, aufgefasst als Blick in den geöffneten Himmel. Während des Mittelalters vornehmlich verwendet für *Apsis*wölbung und *Portaltympanon*

Mandorla: (ital.) mandelförmige Umrahmung einer gemalten oder skulptierten Figur, gedeutet als auszeichnende Lichthülle (Aureole)

Memoria: (lat.) *liturgisches* „Gedächtnis" Verstorbener durch Messfeiern und Gebete, besonders an ihrem Grab. In Mainz historische Bezeichnung für den *Kapitelsaal* des Doms (Grablege der Kanoniker)

Mensa: (lat.) Altarplatte, früherer kirchenrechtlicher Vorschrift entsprechend aus einem Steinblock und mit Weihekreuzen versehen

Metropolit/Metropole: Erzbischof/Sitz des Erzbischofs als Haupt einer Kirchenprovinz

Ministerialen: zunächst persönlich unfreie, doch seit dem 11. Jahrhundert allmählich zu adelsgleicher Stellung aufsteigende Dienstleute des Reiches sowie von Prälaten, weltlichen Fürsten und Edelherren

Mitra: siehe *Inful*

Mittelschiff: zentraler Längsraum eines mehrschiffigen Gebäudes (siehe auch *Basilika*)

monolith: (griech.) aus einem einzigen Steinblock gefertigt

Nimbus: (lat.) Heiligenschein

Obergaden: in der Regel mit Fenstern versehene Hochwand des *Mittelschiffs* einer *Basilika*

Oculus: (lat.) Fensterchen meist in Kreisform, wegen seiner Lage und geringen Größe üblicherweise nicht zum Hindurchblicken geeignet (siehe auch *Fenestella*, *Hagioskop*)

Oktogon: (griech.) Achteck

Ottonen/Ottonische Epoche: Regierungszeit der Kaiser Otto I., seines Sohnes Otto II. und Enkels Otto III. von 936–1002. Unter bau- und kunstgeschichtlichen Gesichtspunkten wird oft auch noch die Herrschaft des letzten Vertreters der sächsischen Dynastie, Kaiser Heinrich II. (1002–24), dieser Zeitspanne hinzugerechnet

Pallium: (lat.) ringförmiges Stoffband mit 6 aufgestickten Sternen und senkrecht nach unten hängendem Mittelteil, über dem Messgewand getragen. Unmittelbar vom Papst an Erzbischöfe verliehenes Rangabzeichen

Paramente: textile Ausstattungsstücke für den Gottesdienst (u.a. *liturgische* Gewänder, Altardecken, *Antependien* aus Stoff, Tücher zur Verhüllung des Messkelchs)

Patene: Zum Messkelch gehörender Metallteller. Siehe auch *Vasa sacra*

Patrozinium: (lat.) Weihetitel eines Altars oder Sakralbaues

Pfarre: Laiengemeinde, deren Seelsorge in der Regel einem Weltgeistlichen (*Pleban*) übertragen war

Pfründe/Präbende: anteilige Einkünfte eines Klerikers aus dem Vermögen seiner Geistlichen Institution oder aus zweckgebundenen Dotationen

Pleban: (lat.) Pfarrer, Laienseelsorger

Pluviale: (lat.) vorne offener bodenlanger Chormantel, getragen statt der *Kasel* bei feierlichen nicht*eucharistischen* Gottesdiensten

Polygon/polygonal: (griech.) Vieleck, mehreckig

Propst: (lat. „praepositus") Vorsteher eines *Stifts* von *Kanonikern*

Querhaus/-schiff: im rechten Winkel zum *Langhaus* einer Kirche stehender Bauteil, wodurch sich ein kreuzförmiger Grundriss ergibt

Radleuchter: kreisförmige Leuchterkrone (lat. „corona") aus Metall, von der Decke/dem Gewölbe herabhängend

Refektorium: (lat.) gemeinschaftlicher Speisesaal der *Konvent*angehörigen in der *Klausuranlage*

Reliquiar: in der Regel aus wertvollem Material gefertigtes Behältnis zur Aufnahme von *Reliquien*. Unter den zahlreichen Formvarianten kommt dem hausähnlichen *Reliquienschrein* besondere Bedeutung zu

Reliquien: Gebeine (vollständige Skelette oder einzelne Körperteile) von Heiligen, die man aus ihrem Bodengrab erhoben und in *Reliquienschreinen* oder *Reliquiaren* geborgen hatte, um der Verehrung durch die Gläubigen ein sichtbares Ziel zu bieten. *Berührungsreliquien* sind Gegenstände (meist Tücher), die mit diesen Behältnissen in Kontakt gebracht wurden und nach mittelalterlicher Vorstellung so einen Teil ihrer Segenswirkung übernahmen. Bei *Sekundärreliquien* handelt es sich nicht um Körperteile der Heiligen, sondern um von ihnen (vorgeblich) benutzte Gegenstände

Reliquienschrein: oft aus edlen Materialien gefertigtes, kostbar verziertes Behältnis zur Bergung von *Reliquien*. Schreine konnten ortsfest auf oder bei einem Altar installiert sein, waren dann in der Regel durch ein Gehäuse geschützt. Andere wurden in *Schatzkammern* eingeschlossen und lediglich zu bestimmten Anlässen ausgestellt oder bei Prozessionen mitgeführt (siehe auch *Heiltum*)

Retabel: (lat.) Rückwärtiger Aufbau eines Altars aus Stein, Metall oder Holz, auf seiner *Mensa* oder hinter seinem *Stipes* angebracht, auch als Wandmalerei. Gewöhnlich reich verziert (durch Skulpturen, Metallbildnerei oder Tafelgemälde)

Romanik/romanisch: Bezeichnung für den in Deutschland während des *Hochmittelalters* (ca. 1000–1250) auftretenden Stil

Säkularisation: zwangsweise Auflösung Geistlicher Gemeinschaften und Beschlagnahmung von Kirchenbesitz durch weltliche Autoritäten

Sakramentsnische/-haus: Wandnische oder Schrank in Altarnähe zur geschützten Aufbewahrung konsekrierter Hostien (siehe auch *Eucharistie*)

Sakristei: gewöhnlich zum Schutz vor Bränden eingewölbter Raum in der Nähe des *Hochaltars*, wo vor allem Altargerät (*Vasa sacra*), *liturgische* Bücher und Textilien (*Paramente*) verwahrt wurden und die Geistlichen ihre Messgewänder anlegten. Siehe auch *Armarium*, *Schatzkammer*

Salier/Salische Epoche: auf die *Ottonen*zeit folgende, nach dem Herrschergeschlecht der Salier benannte Zeitspanne von 1024 bis 1125

Sanktuarium: (lat.) Bereich des *Hochaltares*, rückwärtig meist von einer *Apsis* eingefasst

Sarkophag: steinernes Behältnis für eine Bestattung, in die Erde versenkt oder oberhalb des Fußbodens als Hochgrab aufgestellt

Sattelkämpfer: siehe *Kämpfer*

Schatzkammer: sicherer Aufbewahrungsort (gewölbt und verschließbar) für *Reliquiare* und weitere Teile des Kirchenschatzes sowie profane Wertgegenstände. In hochmittelalterlicher Zeit oft noch mit Archiv, Bibliothek und *Sakristei* identisch

Sedilien: siehe *Chorgestühl*

Seitenschiff: longitudinale Abseite eines mehrschiffigen Sakralbaues (siehe auch *Basilika*)

Sekundärreliquie: siehe *Reliquie*

Situla: (lat.) Kesselchen für Weihwasser

Spolie: wiederverwendeter Bestandteil eines älteren Gebäudes oder Monuments

Staufer/Staufische Epoche: auf die *Salier*zeit (mit kurzer Unterbrechung) folgende, nach dem Herrschergeschlecht der Hohenstaufen benannte Zeitspanne von 1137–1250

Stift: *Kanoniker*- oder *Kanonissen*gemeinschaft. Bezeichnung für die Institution und/oder deren *Konvent*kirche mit allen zugehörigen Gemeinschaftsbauten. Zu unterscheiden sind freiweltliche *Kollegiatstifte* für Weltgeistliche aller Weihegrade ohne *vita communis* von den klosterähnlichen Regularstiften. Eine Untergruppe der *Kollegiatstifte* bilden die *Domstifte*

Stipes: (lat.) Gemauerter Unterbau eines Altars, Auflager für die Altarplatte (*Mensa*)

Stufenportal: siehe *Trichterportal*

Stuhlbrüder: Laienkollegium, im Speyerer Dom mit der *liturgischen* Gebetsfürsorge (*Memoria*) an den Herrschergräbern vor dem *Kreuzaltar* betraut

Stundengebet: Sieben tägliche Gebetszeiten einer Geistlichen Gemeinschaft

Tabernakel: Behältnis zur Aufbewahrung der *Eucharistie*, auf dem Altar stehend oder in eine Wand des *Sanktuariums* eingefügt

Tonnengewölbe: siehe *Gewölbe*

Trichterportal: siehe *Stufenportal, Gewände*

Trikonchos: (griech.) kleeblattförmig aus drei *Konchen* zusammengesetzter Chor einer Kirche (auch *Dreikonchenchor, Kleeblattchor*)

Triumphbogen: Querbogen zwischen *Sanktuarium* oder *Chor* und *Langhaus* einer Kirche

Triumphkreuz: monumentales Kruzifix, vom *Triumphbogen* herabhängend oder auf einem Querbalken darunter angebracht. Meist in Zusammenhang mit dem *Kreuzaltar* stehend

Trompe: Trichternische in Form eines halbierten, unten offenen Hohlkegels. In der romanischen Architektur übliche Methode der Überleitung vom Quadrat der *Vierung* zur Wölbung auf rundem oder polygonalem Grundriss

Tumba: (lat.) über einer Erdbestattung (oder auch unabhängig davon) errichteter kastenförmiger Unterbau, der die sonst im Fußboden eingelassene Grabplatte trägt

Tympanon: (griech.) Bogenfeld über einem Portal oder Fenster, oft mit Skulpturenschmuck versehen oder bemalt

Vasa sacra: (lat.) *Altar*gerät (vor allem Messkelch, *Patene*, Monstranz), das mit den in der *Eucharistie*feier konsekrierten heiligen Materien in Berührung kommt und deshalb aus Edelmetall bestehen oder damit überzogen sein muss. Andre beim Gottesdienst verwendete Behältnisse (z.B. Kännchen für die Händewaschung des Priesters) werden dementsprechend als *vasa non sacra* bezeichnet

Vierung: Raumteil im Zentrum des Kirchengebäudes, entstanden aufgrund einer Durchkreuzung von *Mittelschiff* und *Querhaus* und oft von einem Turm überhöht. Meist war dort in mittelalterlichen *Konvent*kirchen das *Chorgestühl* aufgestellt

Vierungsturm: erhebt sich als Dominante der Außenansicht über der *Vierung*. Er kann nach unten geöffnet, aber auch durch Balkendecke oder Gewölbe geschlossen (dann meist Glockenträger) und somit im Kircheninneren unsichtbar sein

Vikare: von einem *Stift* angestellte und besoldete Hilfsgeistliche, die stellvertretend für *Kanoniker* Aufgaben im Bereich von Gottesdienst und Seelsorge übernahmen

Vita communis: (lat.) durch eine Ordensregel und zusätzliche Statuten definierte gemeinschaftliche Lebensführung eines *Konvents*

Vorhalle: einem Kirchenportal vorgelagerter, nach außen offener Annexraum. Evtl. Ort pfarrgemeindlicher oder rechtlicher Handlungen (z.B. Predigten, Sitzungen des Geistlichen Gerichts)

Vorlage: einer Wand oder Stütze zum Schmuck oder als Gewölbeträger angefügtes Architekturglied (z.B. Halbsäule, Lisene, Pilaster)

Westbau/Westwerk: architektonisch und funktional weitgehend selbständiger Baukörper (Vorkirche) am Westende eines früh- oder hochmittelalterlichen Sakralbaus

Zackenstil: Sonderform deutscher Malerei der ausgehenden *Stauferzeit*, gekennzeichnet durch zackenähnlich gebrochene Gewandfalten und -säume

Zelebrant: Priester, der an einem Altar das Messopfer feiert

Ziborium: (lat.) Baldachin aus Holz oder Stein, auf Säulen über einem Altar, Taufbecken oder Grabmal errichtet

Zwerggalerie: nach außen in *Arkaden* geöffneter Laufgang, meist unterhalb der Dachtraufe eines Sakralbau-Teils